U0539066

不知道自己以後要做什麼的請舉手

褚士瑩的21個人生提案

褚士瑩——著

目錄

跨出第二步　認識未來的自己

序

不知道自己以後要做什麼，很糟糕嗎？

我最近為一個不知道自己以後要做什麼的泰國上班族朋友 Joy 做了哲學諮商，他的「症狀」很典型：因為公司方向的改變，工作不順，卻又捨不得貿然辭去這份在科技公司、薪水相當不錯的工作，所以開始去補習英語，準備考語文檢定去澳洲念書，期待畢業以後轉換跑道，進入醫療照護產業。他看到媒體報導說，這是未來高齡化社會一個永遠不會被時代淘汰的職業，但是他又不敢真的踏出這一步。

「這是我很想、很想、很想做的事。」他強調了三次。

當然，這不可能是真的，如果真的很想、很想、很想做的事，他應該早就去做了——就像是真的很想、很想、很想去吃的那家餐廳，上周就已經排隊去吃了。

「很想、很想、很想」，不過是用「對未來的期待」，來當作「對現在的慰藉」而已，通常都不是真的。

「所以等你五十歲終於拿到了澳洲的看護師執照的時候，毫無工作經驗，背負著一大筆學貸，跟二十歲的年輕人一起競爭醫院的工作機會，那時你作為一個外國人，舉目無親，在異鄉競爭職場表現，競爭升遷加薪，同時承受高風險的感染環境，整天面對痛苦跟死亡，這就你說的那件『很想、很想、很想』做的事嗎？你對人類那麼有大愛嗎？」

Joy 沉默了，表情甚至有點憤怒，好像我毀了他的完美人生計畫。

這就如同我們聽到很多公務員說：「繼續好好忍耐二十年，退休以後就可以過好日子了！」同樣不是真的。這種人一定不曉得什麼叫做好日子，更別說知道該如何過好日子。

你也是那個把「期待」跟「現實」混淆的人嗎？

真正的現實，必須像走路一樣。不能只是向前移動左腳一步，然後停下來一年、兩年，才思索下一步。

你的右腳要立刻跟上。

然後左腳接著邁出下一步。

下一步是右腳。

下一步又是左腳。

必須這樣，保持著節奏和韻律，才算走路。

思考是重要的，行動也是重要的，一連串有思考的行動，才能引導我們走向我們想要去的方向（或是我們認為自己想要去的方向）。如果我們在某個時刻，持續的思考讓我們意識到，當下腳的行動並不會引領我到想去的地方，那麼，要不是改變期待（覺察到這樣也很好，然後繼續安心的往前走），要不然就得轉動一下左腳，然後轉動一下右腳，持續這樣做，直到我們朝著新的方向前行。

不知道自己以後要做什麼，往往是因為飄在空中的期待。期待不是壞事，所有農夫播種之後，對於收成都有期待，但是農夫一定也知道，所有的期待都必須從播種的土地上長出來，而現實就是這片土壤。夢想的種子必須播種在現實的土壤，才會長出合理的期待。但是「向宇宙下訂單」的人，只能不斷地捕捉天上的雲朵跟彩虹，並且妄想著把雲朵和彩虹拉到自己站立的土地上。這樣的人生，當然是無止境的失望。

或許，改變的時候到了。你準備上路了嗎？

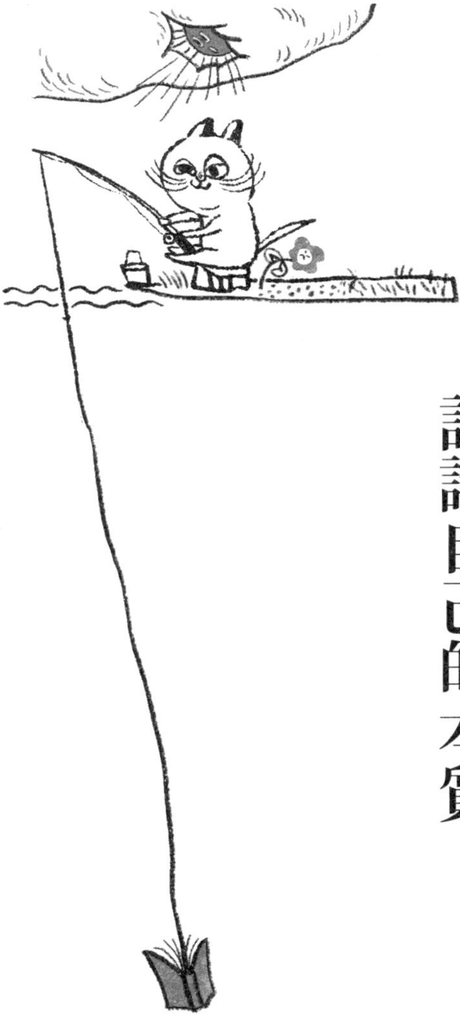

跨出第一步

認識自己的本質

1 不知道自己以後要做什麼的請舉手！

——走向未來世界的能力，考試和成績真的不重要

有一次趁著回臺灣的難得機會，我受邀到某個相當偏僻的私立職校去進行生涯工作坊。看著臺下嚼著泡泡糖的、拿著小鏡子在化妝的、滑手機的、打線上遊戲的、睡覺的、聊天的學生們，我想了一分鐘，決定關掉背後的投影設備，放棄我原本準備的簡報檔案，然後走到教室四周，把視聽教室所有的窗簾通通拉開。

瞬間，陰暗的視聽教室灌滿了午後明亮的陽光。老師跟學生們都露出困惑的樣子，不曉得臺上這個大叔在發什麼瘋？是不是要準備發飆了？前排嚼著泡泡糖的青少女，繼續嚼著，一副等著看好戲的備戰狀態。

其實我並沒有生氣。我深呼吸，重新調整自己，然後帶著微笑看著青春正

盛的臉龐。

「不知道自己以後要做什麼的請舉手。」

沒有人有任何反應。

我又說了一遍：「不知道自己以後要做什麼的請舉手。」

漸漸的，一隻手、兩隻手，怯生生地舉起來。我帶著鼓勵的微笑，環顧著每一張以自己的方式美麗著的臉，然後慢慢的，有越來越多的手舉起來。過了一分鐘，除了少數幾位用懷疑的斜眼瞪著我之外，幾乎所有學生都舉手了。

「恭喜你們！」我為他們拍手，絲毫沒有諷刺的意味。今天會是一個很棒的下午，我知道。

我開始解釋，「不知道自己以後要做什麼，並不是像很多老師、家長、父母說的，是一件壞事，相反的，這可以是一件很棒的事情，因為：你以後最想做的工作，搞不好現在根本還沒被發明出來！」

那些上一代人無法想像的職業

作為一個注重邏輯的人，我認為「不知道自己以後要做什麼」可以是很棒的事，必須有根據。

為了證明這個「偏激」的觀點不是空穴來風的信念，我請臺下的學生一起來想想，他們心目中有哪些工作，是現下年輕人認為「當然是真正的工作」，但是「老人」根本不懂的。

很快的，我們有了一長串有趣的名單：

- 直播主
- 經營網路商店
- 代購
- 經營民宿
- 設計 LINE 貼圖

・網紅
・YouTuber
・韓國藝人
・叫車平臺司機
・平臺送餐外送員
……

我在背後的黑板把大家的答案寫下來以後，轉過來面對學生們：「你們的家長認為這些工作是真正的職業的，請舉手！」

全場只有兩三個學生舉手。

「你們認為這些工作，當然是真正的職業的，請舉手！」

幾乎所有學生都舉手了。

不知道比較好？

在場的職校年輕人都很清楚，身邊的大人之所以認為這些工作「不好」，或者「不是真正的工作」，只是因為他們成長的時候，身邊沒有這些工作罷了；簡單來說，就是「無知」，並非這些工作不是真的，或是比較不好。

其實不管是老人或年輕人，常常都會犯同樣的錯誤：以為已知的比較好，未知的比較不好。這解釋了為什麼老人家很容易一口咬定：新開的餐廳不好吃、新來的員工不好用、去國外生活不自在、新產品不耐用、新科技不安全。

你在健身房裡，是不是還看過堅持在跑步機上用有線耳機的人？他們不相信無線藍牙耳機更好。

你的日常生活中，是不是也有堅持要在電視上看連續劇的人？他們不相信用手機追劇更好。

這是多麼可笑啊！

其實知道或不知道，跟一個東西好不好，在邏輯上是無關的。有線的耳機沒有比較好，用電視看影集也沒有比較好，只是對於活在「已知」的人來說，比較熟悉、有安全感罷了。

未知的東西，當然有可能要比已知的更好。工作也一樣。那些現在還沒有被發明出來的工作，有可能更適合我們。是不是真的，等到這些工作出現以後、等嘗試做過以後，我們就會知道了，不是嗎？何必現在杞人憂天呢？

從小就知道自己要當醫生、當老師的孩子，對於要如何成為一個直播主、YouTuber，可能並不關心，畢竟，人是不可能去做連聽都沒聽過的工作。

我記得BBC的新聞主播克里夫．米里（Clive Myrie）回憶他為什麼會立志進入新聞界，是因為在他從牙買加移民到英國，身為黑人而受到排擠的童年，原本他不相信自己會有什麼美好的未來，但突然有一天，ITV電視臺出現了一個叫做特雷弗．麥克唐諾（Trevor McDonald）的黑人主播，而且瞬間成了全村的希望。不誇張，全英國的黑人家庭每到新聞時間，就會聚精會神聚到電視前，只為了能夠看見一個跟他們同樣膚色的人，竟然可以成為一個「真正的」

新聞播報員。

「你不可能成為你沒看過的人。」克里夫．米里在採訪中說了這句讓我印象很深的話。

國際NGO的工作，讓我有機會造訪世界各地許多偏鄉、部落的小學，當時我對這一點有特別強烈的感受。那些孩子，成績好的都想成為老師，成績不好的都說長大以後要去工地當打零工的建築工人，並不是因為他們對於老師或建築工人有什麼熱情，而是因為這只是他們在封閉生活環境裡，少數真正看過的兩種職業。

「知道」會限制我們的想像。但是「無知」卻反而可能拓寬我們的想像。只有不知道自己要做什麼、也沒有一定非做什麼不可的人，在遇到一個未曾出現的新行業時，才會去嘗試、追求，所以就會變成一個比較有趣的人。古希臘哲學家蘇格拉底的名言「我唯一知道的，就是我一無所知」，就是要提醒我們，其實我們對未來都是無知的，不要假裝知道！這位老爺爺說的話，還真有道理！

「如果你現在去為未來的自己選職業，就算再新，無論是直播主或YouTuber，也是現在已經存在的、你已經知道的，那就跟堅持只用有線耳機、堅持只看電視的老人，有什麼兩樣呢？」

我聽到學生當中開始發出了笑聲。

「所以不知道自己以後要做什麼，是不是比較好呢？」

臺下原本黯淡的眼神，慢慢地露出了亮光。

現在的問題，就是未來的工作

我看到的這群學生，並不是老師們看到的「不知進取」的「迷惘年輕人」，而是學校並沒有教他們如何趁在學時做準備，才能成為一個「知道如何擁抱未知」的人。

我轉而又問：「但是！有沒有可能等你們出社會的時候，這些現在覺得很『新』、或是很想做的工作，到時候已經不夯、不想做了呢？」

想了想後，很多人都點頭。

「那怎麼辦？」我把這個問題丟回給在場的學生們。

一個人要如何透過「學校」、「教育」、跟「學習」，準備好自己去面對難以預測的未來？一個世紀以前，世界上大部分的職業都是農業相關的工作，但這些工作到今天，已經消失了百分之九十以上，說不定現在去學習寫程式、學財務會計，未來十年都會被AI、機器人取代，就像機器取代人工插秧跟收割一樣革命性呢？

「多去看看外面的世界。對問題保持好奇心。」我只給學生們這兩個建議。

多去看外面的世界，是因為你最想做的工作，搞不好已經被創造出來，只是你不知道而已。比如我在三十歲去學習航海之前，我從來不知道原來已經有護理師靠著在郵輪上開「海上洗腎中心」，一面賺錢，一面幫助別人，一面爽爽地環遊世界。

至於對問題保持好奇心，是因為我們雖無法預測未來的「職業」，但可以確定的是，只要已經存在的問題，就一定有被解決的需要，只是解決的辦法，目前還沒出現而已。無論是上網速度太慢、癌症沒辦法被治癒、年輕人買不起房子、騎摩托車太危險，或者獨居老人越來越多等等，這些雖然現在看起來無法解決，但現在的問題一定會轉變成未來的工作。

讓自己保持開放，面對未來的無限可能！

「為什麼你會知道？」有一個化著濃妝、頭髮前面還掛著髮捲的女學生舉手問。在場的老師顯得很驚訝，因為整個學期這是她第一次在課堂上發言。

「我知道，因為我自己就是在學校的時候，那個完全不知道以後要做什麼的人啊！」我笑著說。

我現在的工作，主要有四個不同的面向：包括在緬甸山區協助內戰中的武裝部隊準備停戰協議和戰後重建、為跨國管理者訓練衝突解決的方法、在法國哲學機構培訓哲學諮商師，以及在網路和世界各地帶領哲學思辨工作坊。這四種工作，都是所謂的「零工經濟」，既沒有一個簡單的名字或職稱，也通通都是我在學生時代，甚至幾年前，無法想像、也不知道那是什麼的工作，甚至沒有一個固定的「雇主」，現在卻都成了我「真正」的工作——即使我常常花很多時間說明，我的媽媽還是不知道我每天全世界飛來飛去、都在幹嘛，但是她知道我很開心，而且不會餓死，那就好了。

我還沒說到，我也和來自世界各地的朋友在日本的古老小山村一起經營「民泊」，合辦從阿爾卑斯山到峇里島的「瑜伽僻靜營」，還即將推出結合「哲學與潛水」的潛水員證照課程。從現在開始五年之後，搞不好我會做跟現在完全不同的事，但現在的我，並不知道那會是什麼，也不擔心，因為我知道無論如何，一定會很有趣。

當然，這些奇怪工作的實驗也有很多是失敗的，比如推動愛滋病患者和其他慢性病也可以購買的特殊保單、身心障礙者專屬的線上平臺叫車接送服務、美國印地安部落的馬鹿（elk）肉乾的加工產銷合作社、失智症或獨居者的衛星定位手環……等等，雖然我失敗了，不代表這些事情是不值得做的。所以，當我看到有其他人成功，盡全力試過卻失敗的我，知道這些事情有多麼困難，也因此更佩服那些可以成功做到的人，而且真心真意為他們感到開心，沒有一絲絲的苦澀或嫉妒。

如果你跟我一樣，不知道自己以後要做什麼，或是不知道在學校學的知識，跟未來會有什麼關係——你很有可能是對的。

總之：

走出去看外面的世界吧！

保持對世界各種問題的好奇心吧！

趁著青春時光，打開一扇一扇通往各種可能性的大門，學習具備「學會新事物」的能力，成為一個「知道如何擁抱未知」的人，至於「考試」跟「成績」，相較之下，都是不太重要的小事。

2　「我的工作會不會被AI取代？」

——擔心之前先想想，人工作的目的是什麼？

人工智慧近年來突飛猛進，越來越多人擔心自己的工作將來會被搶走。「我的工作會不會被AI取代？」自從ChatGPT橫空出世之後，許多人開始產生了這樣的擔憂。雖然這也不是第一次或是第二次，人類集體有這種擔憂了，但這一次似乎比一九八四年好萊塢電影《神通情人夢》（Electric Dreams）問世時，更接近現實。

於是我們進行了一場「AI＋還是＋AI？」的哲學工作坊，特別探討這個問題。

從+AI到AI+

所謂的「+AI」（Plus AI），顧名思義，就是在原本已知的基礎上加上AI，比如傳統的農業加上AI，就有了無人機自動噴灑農藥的選項，但是還有另外一種人，我們稱呼他們為「AI+」（AI Plus）的人，他們相反過來，先有了AI，再來想著可以用在什麼地方，比如先有了成熟的無人機技術，然後把這樣的AI技術加在各種可以應用的面相，譬如AI加在農業上代替人類噴農藥，AI加在電影拍攝上代替直升機，AI也可以加在戰場上投擲炸彈替代空軍戰機。

「+AI」的人，滿腦子都在擔心噴農藥的工作會消失，自己會失業，就好像工業時代開始時，養馬的人擔心馬匹被火車、汽車取代，但是「AI+」思維的人，就根本不會有這種擔憂，反而會想著AI還可以進一步用在什麼地方？省下來的人力跟馬力，可以去做什麼更有趣、更有用的事。

在這個定義下「+AI」，就是各行各業的專家開始思考，若製程、服務、產品需要AI化，需要哪些數位技術支援？比如「農業+AI」，這時，思考層次就跳脫農業的「技術本位」，而是從「應用需求」出發，考量在現有農業產品與農業服務中，AI可以優化哪些部分，AI專家又怎麼來跟自己合作。在這種情形下，我們確實就會看見很多原本的工作被取代，比如用無人機噴農藥，這種「噴農藥＋AI」，就會取代原本噴農藥工人的工作。

但是，我們應該擔心噴農藥的工作消失嗎？從過去以來，噴灑農藥人員的皮膚容易被農藥汙染，透過皮膚和呼吸道吸收後引發急性中毒或慢性中毒，包括我身邊一些農夫朋友和他們的家人，只要一想到他們只穿著普通長褲、戴著口罩就進行噴灑工作，其實更需要擔心的是他們的健康安危，而不是害怕AI取代那高風險的爛工作。

簡單來說，在每一個產業裡，每一份AI可以取代的工作，都可以理解為本來就不應該存在的工作，只是因為不得已才出現的，所以，消失了也不用覺得可惜。

但是「AI＋」，加號位置不同，意義卻完全不同。AI＋必須是AI專家從專業出發，以技術作為基礎驅動力，思考怎麼把AI技術應用在其他領域中。這時，思考應用面還是以「AI」為核心，由資訊專業人士發起與主導，其他領域的人輔助。比如AI雲端的技術必須夠先進，才可以去思考如何打造「智慧城市」，如果「智慧城市」是由一個不熟悉AI技術的政治人物先提出口號，再來委託廠商開發AI，那是不可能會得到「智慧城市」的成果的。

如果說「＋AI」會讓人失去工作，那麼「AI＋」則會創造出前所未有的新行業、新工作，就好像網路速度跟影像技術，並不是為了抖音、小紅書、YT短影片而開發的，但是當這些技術都提高到了一定水準時，「自媒體網紅」這項「職業」就會出現了。

「花若盛開，蝴蝶自來」，「AI＋」就是這盛開的花，而千千萬萬的蝴蝶，就是這些從事未來新工作的我們，當然我們也別忘了，下一句是「人若精采，天自安排」。如果我們不是精采的蝴蝶，那些盛開的花就與我們無關。至於要怎麼變得「精采」，關鍵還是一樣：**「多去看外面的世界。對問題保持好奇心。」**如此而已！

賺錢不是為了求生

在擔憂什麼都「＋AI」的時代，我們的工作會不會被人工智慧取代之前，我們必須先思考一個更加本質的問題，那就是「人為什麼要工作？」這個問題你可能早就想過。最明顯、最多人腦首先浮現的答案，就是為了「賺錢」。

很多人以為「賺錢」跟「求生」是一樣的，但仔細想想，就會發現這兩者不能混為一談。為了求生而工作，其實在現代人類社會並不普遍，甚至很極端。過去的時代因為有奴工、童工，這兩種人如果不工作就活不下去，所以有為了求生而工作的樣態。可是在現代社會，除了少數例外地區，基本上奴隸和童工已經在工作場域上消失了，尤其在家庭觀念強烈、或有良好社會福利制度的國家，一個人不工作，基本上並不會導致無法生存，只是會沒有太多現金可花用而已。

在這次的哲學工作坊裡，大家集思廣益後發現，其實除了賺錢，其他

「人為什麼要工作」的答案，還至少包括了以下十三個：

1. **殺時間**：我們都看過為了打發時間而工作的人，賺錢只是工作的副產品而已。

2. **得到成就感**：能夠有一份工作、被賦予任務，讓我們相信自己是有能力的人。

3. **透過與他人的連結，滿足社交的需求**：有些人上班是為了「交朋友」，很多育兒的母親，離開家去工作，並不是為了賺錢，賺來的錢也都付了保母費跟交通費，但他們選擇去工作，是為了滿足跟社會產生連結的心理需要。

4. **找到人生價值**：當我們在工作上被稱讚，甚至得到金錢報償時，會讓部分人透過外在肯定找到了自己的價值。

5. **玩**：對於喜歡自己工作的人來說，工作就是一種玩樂的方式，讓人樂在其中。

6. **培養耐挫力**：有些人把工作視為對自己的一種修練，避免自己變成別人或自己心目中的「草莓族」。

7. **符合社會期待**：「成年人就應該上班」這種想法，在前一波日本的不景氣時，曾經創造了一群失業的上班族，每天仍然西裝筆挺出門假裝去上班，不敢對家人坦承真相，因為不工作是不符合社會對成年人、尤其是對男性的期待。

8. **維持世界運作**：世界的正常運作需要有人負責，比如維持交通的秩序。警察、消防這些工作的存在，都有利於社會維持正常運轉。

9. **感受退休的「爽」**：如果沒有工作，怎麼能感受到退休的快樂呢？所以為了爽，先受苦是應該的，而且工作越辛苦，退休就會覺得越爽！

10. **獲得特定經驗或技能**：工作會讓我們學習到在學校、生活裡面沒有接觸到的新知識、新技能，以及只有職場才會有的經驗。

11. **達成夢想**：達成夢想的過程，簡單來說，就是「工作」。

12. **憂慮**：有些人雖然經濟游刃有餘，並不缺錢，卻還是繼續工作，是因為他們擔憂自己一旦停止工作，就會老化、會破產、會被遺忘、會被看不起。

13. **回應自己跟別人的內在或外在需求，創造價值**：有些人享受透過工作「無中生有」創造出原本不存在的價值。比如當人類社會沒有醫生時，生病就只能想辦法自癒，或是死亡，但當醫生這份工作出現以後，為人治病，人就不容易死亡了。

工作的價值，其實有「志工」跟「社會福利」就夠了！

這十三個除了錢以外的工作價值，真的都需要透過工作才能得到嗎？經過仔細思考，就會發現兩個驚人的事實：

1. **「人必須工作賺錢」這個看起來不可動搖的剛性需求，其實在社會福利國家，已經被證明：不一定是必要的。**

2. 這十三項「人為什麼要工作的原因」，透過從事「志工」的方式，也通通可以達成。

比如一個想要創造價值的醫生，可以透過體制內醫院的工作來達成，也可以選擇以志工身分參加「無國界醫師」達成。以志工身分擔任醫師，甚至會帶來更高的成就感、創造更多的價值。

如果一個人為了滿足社會期待，認為成年人就應該為了「賺錢」而工作，有些國家甚至會由政府強迫安排就業。為了工作而工作，不但可能賺的錢不多，創造的價值很低，還很可能因此造成身心上的問題，帶來醫療系統的沉重負擔，或社會上的犯罪行為。所以芬蘭的衛生社會福利部就帶動立法，提案試行「無條件基本收入」（universal basic income 或 unconditional basic income，UBI）政策，透過社會福利支出，發放足夠過良好品質生活的金額，給選擇不工作的國民，他們相信這樣的政策可以改進社會安全。

事實也證明，勞工並不會因為有基本收入保障而選擇不工作。不需要為賺錢而工作的人，大多仍會選擇工作，因為他們從事的工作，就會是自己真心喜歡的事。至於選擇不去工作的人，也可以自由地去追尋自己的夢想，做自己喜歡的事，無論是去學習新事物，從事志工，醞釀創業，甚至只是快樂的活著，讓這個社會充滿更多的活力和創造力。長期來說，創造出來的社會整體價值，可能比讓很多人去做不喜歡的工作更高！

一個讓人不需要為了賺錢而工作的社會，是一個更快樂、更省錢的社會。這個想法乍聽之下似乎荒誕，仔細思考，卻可以是符合邏輯的。

工作真正的目的：回應自己的需求

回頭再來回答：「人為什麼要工作？」我們發現答案已經改變了。無論為了賺錢，還是為了其他十三個其實做志工也可以滿足的原因，我們可以歸納出人之所以工作的真正目的，其實都指向同一件事：**工作是為了「回應自己的需求」**。

如果你的工作，是為了回應自己有形、無形的需求而做的，AI怎麼可能會搶得走呢？

社會福利的概念，其實已經不再只是狹義的金錢補助。我們每一天所使用的手機網路訊號、各種安裝有半導體晶片的產品、文化影視藝術作品……等等，都已經像自來水、電力、警察、消防一樣，成了生活必需品。所以，只要是參與提供這些必需品的工作，就是實質上提供社會福利的工作；只要這些社會福利需求存在，這些工作就不會被淘汰。

雖然志工可以做很多事，但也一定會有志工不願意、或是無法做到的事。因此，補足志工缺口的工作，是另外一類不會被時代淘汰的工作。比如像林立青創立的社會企業「友洗社」，雇用無家者、更生人去進行「遺屋整理」的有償業務，在高齡者獨居越來越多的現代社會裡，是一種不會減少只會增加的工作需求，AI不會做，志工也不想做。這樣的工作怎麼會消失呢？

所以如果你真的擔心自己的工作未來會被AI取代、被時代取代，透過哲學思考之後，應該可以看見兩個清晰的選擇方向：

透過工作提供廣義的社會福利。

補足志工的缺口。

這兩類工作都可以超越時代、永續存在。當然前提必須是：**我喜歡做這個工作的自己**。

由於我自己從學生時代開始一直到職場生涯，都在西方社會，我很習慣一個人在解釋他為什麼辭職的時候，只需要說一句話：「因為我不喜歡。」然後無論是家人、朋友，就通通都會住嘴。

在強調追求個人價值的社會，沒有人會覺得自己有資格對另一個人說：「可是錢很多不賺很可惜耶！」或是「福利那麼好，還是別辭職吧！」、「那以前的年資不就都白費了嗎？」、「你要想這個年紀再找新工作，會有多困難！」這類的話。因為「不喜歡」就應該辭職，超過一切應該留下來的理由，沒有什麼好說的。

沒有什麼比「我喜歡」而做一份工作，更重要的原因了。

有時候，想要用道德綁架我們的人，會說「不要口口聲聲說什麼喜歡、不喜歡，這樣太任性了！」

但是這才不是真的呢！談戀愛會不會成功，不就是只有彼此喜歡跟不喜歡嗎？不喜歡的對象，當然不應該跟他談戀愛，跟客觀的條件其實都沒什麼關係。如果戀愛可以選喜歡的，那為什麼工作就不應該選喜歡的呢？喜歡、不喜歡，當然很重要！

人生在世，要好好照顧自己，關注自己的需求，當然是最重要的事！

3 我應該順從父母的期望，選擇自己的未來嗎？

所以我們應該怎樣回應那些總是把「我是為你好」，有意或無意想要控制我們人生的人呢？

我遇過一個哲學諮商的客戶，是一個正在建築系就讀的大學生A，明年就要畢業了，現在正在實習，遇到很多挫折。

其實早在進入建築系的前幾年，他就察覺到問題了。他認為自己讀書還行，就是手不巧，每次在做模型的時候，都得花比別人多三、五倍的時間，但表現也頂多就是普普而已。

大學的前幾年，A都覺得自己讀得不開心、很挫折。原本以為開始實習會比較好，但是到了建築師事務所以後，常常都覺得自己真的做不好，因此陷入痛苦的深淵，覺得自己不是當建築師的料。

A聽學長姐說，畢業後去事務所只會更操，心更涼了半截。

「我的爸爸也是建築師，當初也是他希望我讀建築系的，他自己做得很好，之前我有跟他說過，覺得這些手作很難，他說就是要去克服，但我在還沒讀建築之前，真的沒想到自己會那麼不擅長。」A說，「眼看明年就要畢業了，我知道自己如果繼續走建築師這條路，會走得很辛苦，也很不快樂，但若不走建築，也不知道該做什麼。我有想過考個廚師證照、開餐廳，但感覺父母一定會不支持。

「從小我就不太跟父母說內心話，因為他們通常不會關心我心裡的想法，就算跟他們講，也不會給我特別的關懷。他們只希望我讀好書，然後考上建築系，爸媽就可以跟人炫耀他小孩是建築師。身邊的同學大都讀建築相關科系，如果自己不走這條路，去做一般的工作，不知道他們會怎麼看待我？但我也很怕自己以後真的當了建築師，被同圈子的人說能力不好之類的。我實在不知道該怎麼辦？」

聽起來很熟悉嗎？如果是你，你該怎麼去思考這個生涯問題？

我會從三個角度來檢視這件事：第一是「專業的傲慢」，第二是「了解自己」，第三則是「好工作」的定義。

我相信，按部就班進行了這三個步驟的思考之後，問題就算沒有解決，困難也一定會變小，因為這就是「思考」會帶給我們的禮物。

專業的傲慢

從A的敘述當中，我們可以清楚地看到一個預設，那就是「當建築師很好，但我不夠好」。

這個想法是A自己的嗎？還是別人給他的？A的這個預設立場，是理性的嗎？還是非理性的？當建築師比較好，是指比當泥水匠好嗎？還是比起當保險公司業務員好？如果當補習班數學老師，是不是比較不好？我想知道，那個沒有說出來的「不好」是什麼。

舉例來說，在一般人心目當中，建築師與泥水匠表面上是兩種完全不同的工作——一個白領，一個藍領；一個高高在上，另一個低低在下。但當我們試著去理解一個專業的「本質」時，就會發現他們是同行，這兩種工作之間的共通點比差異點多得多。

大學生A的爸爸，會用同樣的強勢態度，去鼓勵、說服自己的孩子當泥水匠嗎？

雖然我不認識這位爸爸，但我猜想應該不會。因為這位爸爸一心認為建築師是世界上最好、最適合自己傳承給骨肉的職業。

所以我請這位建築系實習生，試著先拋掉成見，找到建築師與泥水匠這兩個職業之間的五個共通點。他的回答是：

1. 都要動手做。
2. 都需要計算如何排列。

3. 都有很多步驟。
4. 都需要一步一步按次序做。
5. 都需要花很多時間才能處理好。

從這五個共通點來看的話，泥水匠跟建築師這兩種職業之間，似乎本質非常接近，並不存在著優劣的區分。一個建築師會有的困擾，泥水匠當然也都有。

同樣的這五個共通點，拿來用在牙醫師跟假牙技工之間，電子工程師跟屠宰場作業員之間，也都適用。

當我們在看待「工作」這件事時，常常產生「好、壞」「高級、低級」或是「優、劣」的差別心，其實不是「事實」，而是一種偏見，或者說歧視。

我個人認為現代德國社會做得很好的一件事是，這種「專業的傲慢」的心態被從職業中拿掉了。也就是說，不管是建築師，還是泥水匠，是牙醫師，還是假牙技工，是電子工程師，或是屠宰場的作業員，因為他們都是「專業工作者」，所以盡職做好的話，薪水都會差不多，都會住在同一個社區裡，也會因為自己的專業受到社區成員同樣的尊重。在這個前提下，一個人對生涯的選擇，就會變得簡單許多：「**當然是選自己真正喜歡的事來做。**」

我在這位建築系大學生的敘述裡面，看到他的父母親有建築師比其他職業好的傲慢，以至於他自己也繼承了這種不理性的傲慢。

換句話說，一個人不論從外表的長相，到內在的價值觀，常常是自己父母親的影子。A之所以會困擾，正是因為他已經接受了「當建築師比較好」的先入為主價值觀，所以在發現自己不擅長的時候，才會覺得自己「不夠好」。A沒發現，這叫做「不適合我」，而不叫做「我不夠好」。

在哲學思考上，這個問題叫做「Dogmatic Certainty」，直譯是「**犬儒者的確信**」，意思就是說，當我們認定一件事就是如此的時候（比如「當建築師當然很好」），卻沒有去思考這個「好」是什麼意思？是相對什麼而言？「建築師」跟「好」之間有真正的邏輯連結嗎？沒有思考，就信誓旦旦把「當建築師很好，是我不夠好」當作事實來看，這是犯了思考邏輯上的錯誤。

所以在面臨生涯選擇問題的時候，第一步，就是要先注視自己，是否因為成見，因為熟悉感，或其他種種原因，有「建築師比較好」、「醫生比較好」的專業傲慢，理解只要任何專業的、自己喜歡的事，都是好的，不要問自己「夠不夠好」，而應該問「適不適合」，才不會鑽進鬼打牆的無限迴圈裡。

了解自己

第二步，則是檢視對自己的了解。

我想知道的是，A到底了不了解自己？如果有一個泥水匠希望兒子繼承衣缽，成為泥水匠，兒子也乖巧地去學習了，但學了幾年後，泥水匠的兒子跟爸爸說他覺得這門技術對他很難，在還沒學之前，不知道他原來對於泥作或技工會那麼不擅長。爸爸卻跟他說：「你去克服就對了。」

請問你覺得是這個兒子不理解自己，還是爸爸不理解兒子？

A說：「我覺得其實都有耶！爸爸可能沒有去理解，或者沒提早發現兒子沒天分，兒子還沒踏進這領域前也不知道其實自己不擅長。」

A說他有問同屆的同學和一個學長，他們也說覺得很困難，在製圖課也覺得很悲慘，但他們還是選擇繼續走建築的路。

「是不是我對挫折容忍度比別人低，所以才會有想放棄的念頭？別人也遇到挫折，但是他們仍然堅持下去，我也應該這樣嗎？」

A的這個疑惑，表面上聽起來有道理，其實完全離題，犯了哲學思考上的另一個錯誤，叫做「Opinion Received」，直譯是「**套用別人的意見**」。因為仔細一想，就可以發現，A面臨的困難，是他跟父親之間的認知衝突：「爸爸不顧慮我的能力，堅持要我當建築師」，這與A的同學、學長面臨的困難，完全不同。他們面臨的是自己內在的衝突：「我覺得難，但這還是我想走的路」。雖然都有「學建築很難」的事實，但他們面臨的根本是不同的問題，套用別人的意見來理解自己的問題，才會跑出「是我挫折容忍度太低嗎？」這種疑惑。

A對自己產生疑惑，表示A並不夠了解自己，才會不知道真正的問題出在哪裡。

「我了解自己沒有天分，但父親並不了解我在學習過程中的挫折，甚至也不會支持我走別的路。」A說。

為了幫助A了解自己，我問他覺得「我不理解自己」這件事比較嚴重，還是「爸爸不理解我」這件事比較嚴重？為什麼？

A說他認為爸爸不理解兒子比較嚴重，因為明明知道兒子沒天分，必須花非常多時間來學習，卻還是希望兒子繼續走這條路。

這時候，我抬出「路人甲」來幫助他跳出自己的狀況，來讓A交叉檢驗自己的答案，是主觀的還是客觀的。

我請A假想，如果把同樣這個問題拿去問路人甲：「你認為一個成年人，不了解自己比較嚴重，還是爸爸不了解他比較嚴重？」路人甲會選擇哪一個？跟你一樣，還是不一樣？

A說他認為路人甲會覺得一個成年人不了解自己比較嚴重，父親不了解他比較不嚴重，因為自己應該要是最理解自己的那個人。

「你知道自己適合當建築師，還是不適合？」我問A。

「不適合，因為沒有天分。」A回答。

一個理性的人，了解自己的人，應該去做不適合自己，自己沒有天分的事情嗎？我想這個答案是很明顯易見的。

思考的練習，其實就是一個簡化思考的過程，讓思考變得符合邏輯，而不是越想越多，把事情複雜化。

什麼是好工作？

難道世界上沒有一些工作，是符合客觀標準，大家都同意的好工作嗎？建築師？醫生？「錢多、事少、離家近」的工作？

如果你相信，「好工作」的標準不是靠自己主觀認定，而是要社會客觀認定的話，你就犯了第三個邏輯上的錯誤，叫做「Alibi of the Number」，直譯就是「**被多數所催眠**」。

「大家都覺得」好吃的東西，我一定也會覺得好吃嗎？如果不見得，那麼

「大家都覺得」很好的工作，為什麼我做起來也要覺得好？

幼稚的小孩，時常把「大家都……」、「別人也……」掛在口上，就是時常犯這個思考錯誤。所以父母才會不耐煩地說：「別人去吃大便，你是不是也要跟著吃大便？」

A的父親不願意接受兒子本來的樣子，母親想要炫耀，同學都走相關科系，都不會是太嚴重的問題，因為那是「他們的」問題。

我們當然沒有辦法因為他們的不接受，就可以隨意改變我們本來的樣子（沒有天分、不適合當建築師）。

其實，不只職業，長相、性向、感情，也都是一樣的道理。如果一個人只是父母親想要他當泥水匠，身邊的人都當泥水匠，但他沒有天分，不適合當泥水匠，卻勉強去當了泥水匠，結果蓋的房子倒塌了，造成很多人傷亡，難道是一個符合理性的決定嗎？

所以A的原始問題，從一開始就不存在。

A知道自己沒有天分、不適合當建築師，不是早就回答自己的問題了嗎？為什麼會煩惱呢？還是A根本從一開始就問錯了，他真正煩惱的，不是該如何選擇，而是該如何跟父母親溝通？

A思考過後說：「是的，我知道自己的確沒有天分，我也跟父母說了，但我爸依然認為我必須去克服，我媽則還是希望我當建築師。我目前的想法是還是先讀畢業，然後在事務所兩年之後轉行，或是讀建築評論研究所。建築評論算是建築的次專科，比較冷門，而冷門的原因是因為不像其他建築師那麼賺錢，不過我人生的目的本來就不是賺多少錢，只是想過快樂的生活。建築評論不重手作而是偏分析評論，我認為自己在看作品的時候，敏銳度比別人高，但是若要走這條路，還是得在建築事務所待個兩年後才能走。人生無法重來，時間也有限，也許走這個折衷的道路，才是最適合我的吧！」

A謝謝我讓他知道，他最需要克服的其實是和爸媽、和自己內心那關。思考的時候只要仔細，放慢節奏，就會讓困擾我們的大問題變小，甚至消失。因此對我來說，可以幫助別人思考的哲學諮商師，是一個好工作，比建築師更好。至於A是否同意，A的父母是否同意，建築師公會是否同意，你是否同意，既然要做這份工作的人是我自己，我其實一點都不需要在乎啊！（笑）

4 人生冒險家
——行動的原點，是我們對這世界的好奇心

先說結論：我相信養成對行動充滿好奇心的好習慣，能夠時常保持思考的人，就是人生的冒險家。

前一陣我翻譯了一本法國作家貴遠・德蘭諾（Guillaume Delannoy）的兒童繪本《魯賓遜俱樂部》。在翻譯這本書的時候，我覺得好像在主角身上看到了自己。

從小開始，我就對於每一次旅行迫不及待，想要出發去冒險，旅程中遇見的每一個人、每一件事，都是新鮮的。直到現在，這種興奮的感覺還是不變，並不會因為已經去過了超過一百個國家、每年搭一百趟飛機或是潛水一百次，

就讓下一次的飛行、航海或潛水變得沒有感覺。對我來說剛好相反。在世界各地旅行的時間越長、經驗越多，不但沒有讓我變得麻木，反而讓所有原本平常甚至無聊的事情，也都變得像旅行那樣有趣、不平常了！

因為就算是在路途上，做著每天同樣的事，像是吃飯、睡覺，也會因為我在不同的地方，或是面對不同的人，而變得充滿了新鮮感。即使每天早晨刷牙，也因為在不同的地方，變得很不一樣。

在平凡的日常中冒險

比如在旅行的時候，因為沒有漱口杯可以使用，所以我會用雙手掬起水龍頭底下的水，代替杯子來漱口。因為這樣，我開始注意到每一個地方的自來水，都跟我家裡使用的自來水，有不一樣的味道。水碰到我的手，或者接觸到我的牙齒、舌頭的時候，會有不一樣的觸感。有些地方的水感覺澀澀的，有些地方的水感覺滑滑的，要不是因為旅行，我根本不知道不同地方的自來水，竟然會有不同的觸感跟口感。

我也開始注意到，有些地方的水，是可以生飲的。看見大家都在廁所裡洗完手，順便痛快地喝幾大口水，讓我一開始很吃驚，但是過一陣子以後，我也開始理直氣壯地跟著大家喝起水龍頭的水了！

也有些地方的水，就算沒有喝進肚子裡、只是用來刷牙，都會害我不停拉肚子。但奇妙的是，當地人喝井水、地下水、自來水，都不會有拉肚子的問題！為什麼會這樣呢？

當我結束旅行回到家裡，再次刷牙、吃飯、睡覺，我也會開始去注意到原本我疏於注意、視為理所當然的小細節，而且感到驚訝。

「原來我平常是這樣刷牙、吃飯、睡覺的啊！」

「我是不是也可以直接喝水龍頭的水呢？」

從此以後，每到一個新的地方，觀察該地方的自來水可不可以喝、好不好喝、喝起來有什麼味道，或是喝了會產生什麼後果，就變成了我有趣的冒險任務之一。

每個國家的自來水可不可以喝、好不好喝、喝起來有什麼味道，或是會有什麼後果，你知道嗎？

保持好奇心，成為自己人生的冒險家

在日本，全國水務局的自來水設備和淨水處理都很完善，他們提供優良的自來水讓人們可以直接飲用。因此，如果在日本旅行途中口渴的話，可以直接在任何一個公共廁所、任何一間旅館的浴室，直接飲用水龍頭的水，洗澡的時候也可以張大嘴巴，喝個痛快。

但是，一定也會有人認為，「雖然說自來水可直接飲用，但是瓶裝的礦泉水一定比較好喝呀，何必喝水龍頭的水呢？」

對於這種想法的人，負責東京自來水的東京都水道局特別推出了一種「東京水」，如果下次你到東京的機場注意一下，說不定就可以看到專門的自動販賣機，販售罐裝的東京自來水喔！東京水的包裝很精美，曾有一位大阪的朋友，還特別拜託我從東京買這瓶「土產」給他。

「但是裡面的水幫我倒掉，我只想要瓶子喔！」

「為什麼呢？」我問這位大阪的朋友。

「因為自來水我自己家水龍頭打開就有啊！我只對瓶子有興趣。」

這真是太有趣了啊！

也因為對日本的自來水發生興趣，我的冷知識增加了。原來我在不同的地方用自來水刷牙的時候，有時感覺到澀澀的、有時滑滑的，是因為有些地方的水是「硬水」，像是歐洲、美國；也有些地方的水屬於「軟水」，像是日本。所以剛剛來到日本的歐洲觀光客，會覺得日本的水喝起來感覺「很奇妙」，原來是因為日本和歐美的水硬度不一樣。硬度比較高的水，水中溶解的鈣和鎂等含量數值比較高。雖然軟水比硬水更容易飲用，但是喝慣了硬水的人，喝軟水時會有種「好像少了點什麼」卻說不上來的感覺。

正因為硬水和軟水的口感不同，適合做的料理也不相同。據說有許多日本料理，像是蕎麥和豆腐等，都是因為使用容易飲用的日本軟水才這麼好吃。另外，在日本常以昆布煮出高湯，據說軟水就比硬水更容易萃取出食材的精華成分。日本茶的苦味或澀味，也是使用軟水比較容易呈現。因此我到歐美國家吃日本料理的時候，會發現就算是同樣的食材、同樣由日本廚師調理，味道卻跟在日本吃到的不同，原來是因為水比較「硬」！

要不是因為注意自來水可不可以生飲這件事，挑起了我的好奇心，或許我永遠不會知道為什麼同樣的料理，在不同的國家吃起來，會有不同的滋味。

懂了！關鍵原來就是「好奇心」！我之所以會覺得自己好像書中「魯賓遜俱樂部」的冒險家成員之一，我們最大的共通點，應該就是對世界無止境的好奇心吧！這也解釋了為什麼關於「水」這麼平凡無奇的東西，英國作家特里斯坦·古利（Tristan Gooley）可以把它寫成一本非常有趣的書，他的這本書在中國大陸出版的時候，書名被翻譯為《水的密碼》，我覺得有些可惜，因為我更喜歡原書名《如何讀懂水》（*How to Read Water*），正因為特里斯坦·古利不只是作家，更是航海家、探險家，英國皇家航海學會和皇家地理學會會員。他曾帶領團隊在地球五大洲展開探險活動，航行去到世界上最偏遠的地方，所以他不只成功引領了自然導航的復興，也教我們如何「讀」表面上平凡無奇的水，正因為水太有趣了，這本書的原文版厚達四百頁！

養成對行動充滿好奇心的好習慣，不管是別人的行動，還是自己的行動，對還沒有發生的行動進行預測，或是對已經發生的行動進行反思，都可以幫助我們找到「行動的原因」，然後試著對比「行動的動機」，檢查是不是有「行動的原點：好奇心」，那麼我就不會因為看不懂這個世界是如何運作的，而無法選擇行動，也不會因為一時衝動，而做出讓自己後悔的事。能夠時常保持思考的人，就是人生的冒險家。

5 什麼才叫「做自己」？

——15個打開感官的練習，和10個讓你忠於自我的提醒

但是，每天重複的生活，很容易讓我們感到千篇一律，失去好奇心，所以具體來說，該怎麼做才可以喚醒自己的內在好奇心呢？特里斯坦．古利其實曾經為瑞士哲學作家艾倫．狄波頓的人生學校寫過一本小書，裡面教讀者可以藉由十五個大自然練習，來增進生活的察覺力和感受力，讓大自然**幫助我們重新打開視覺、聽覺、嗅覺、觸覺、味覺的感官能力，甚至可以因為「重新體驗一個熟悉的地方」而感到驚喜**，這十五個大自然練習分別是：

練習1：好好呼吸。

練習2：觀察周圍環境。

練習3：觀察藍天。

練習4、5：觀察太陽、月亮與方位的關係。

練習6、7：花十分鐘替一棵樹畫素描，並為這棵樹寫一個故事。

練習8：不靠GPS，走一條從未走過的路。

練習9：到戶外散步，寫下吸引你目光的事物。

練習10、11：走到外面，把聽到的所有事物寫下來，並從中推論環境變化。

練習12、13：從一草一木尋找線索。

練習14：釐清影響我們「感覺」的因素。

練習15：重新體驗一個熟悉的地方。

至於這些方法具體要如何練習，我就不在這裡贅述了，我更想要討論的是，透過這些哲學踐行的方法，對大自然的觀察、思考跟寫作，打開我們的覺察能力之後，要怎麼樣才能「做自己」呢？

社會不斷倡導要「忠於自我」，但是要如何做到呢？

我發現很多人誤以為當 YouTuber 就是在做自己。這時候我都會問他們一個問題：「『我在表演』跟『我在做自己』，是同一回事嗎？」

「做自己」之所以難得，是因為這是一個在森林裡彎下腰細心採集松露的過程，而不是大量、集約種植太空包香菇的過程。如果你分不出這兩種菇蕈的差別，歡迎你找機會去觀察農場和野地的區別，說不定你會找到如何「變成自己」的答案。

你知道什麼時候，野地的價值會比農場高嗎？或許你也聽過「新北歐料理」（New Nordic Cuisine）的概念，它將烹飪的指針撥回自然，這裡提到的「自然」，說的是新北歐料理的廚師們，他們大多會親自去森林裡採摘當地當季的新鮮食材，這種行為被稱為「採集廚藝」（Foraging），從苔蘚、針葉樹到甘藍、魚子，一切自然的產物都可以被廚師所用，而不是菜園或農場。你有沒有想過，為什麼這些廚師們要選擇這樣做，而不是到大型批發市場裡去採買？

「忠於自我」可能是給別人提建議時最常用的詞。聽起來挺空泛的一句話，但是要怎麼做到呢？我從自己的成長經驗當中，試著整理出這十種行動方法：

1. 定義自我

就像作家王爾德（Oscar Wilde）說的：「做自己吧，因為其他人已經有人做了。」

能夠定義自我，就等於找到了自我。而這個「定義」，不只是要認識、理解自己，還包括要「接受全部的自己」。無法接受全部的自己的人，總在試圖隱藏，而隱藏就是一種說謊，別人當然不可能接受一個不斷對自己和別人說謊的你。

2. 接受矛盾

在釐清自己的價值觀的時候，難免會看到一些看起來很矛盾的地方，比如我們想努力賺錢的同時，往往卻同時強調物質不重要。

這時，不需要覺得訝異，也不用困窘，因為我們的價值觀，是一鍋什麼都有的綜合八寶粥，其中包括文化、信仰、家庭、教育、喜歡的歌詞，和對人生路上激勵你前進的人的記憶，所以當然會出現各種相互抵觸的價值觀。真正要緊的是，我們要不斷正視、反思這些矛盾，就像龜毛的製茶師在挑茶葉一樣，挑出別人加諸在我們身上的，只留下自己真正認同的。

3. 放下過去

很多人一直糾結於過去，以至於永遠沒有注意到現下，同時阻礙自己未來的成長。人常常會過度看重已經發生過的事，認為那些才是事實，所以可以用來作為現在、未來的行動準則，但是除非你只想花一輩子做過去的自己，否則過度關注過去，是毫無理性的。

總是拿過去當理由，說「我們以前都是如何如何」或「古人說什麼什麼」的人，並不真的想改變，實際上，他們更想一成不變，這樣的人不會接受新的想法，不會從別人身上學習，不會成長。

4. 停止比較

不斷跟自己或別人競爭的人，就是把自己當成一匹賽馬的人。

比賽的唯一結果，就是輸。無論贏了多少次，競賽型運動員最後的下場就是輸。沒有任何人能夠無止境的贏下去。這只是無可避免的結果。

因為你是人，不是賽馬。所以請停止跟別人比較。停止過度關注別人的IG，停止羨慕別人的生活，也不要想著要去推翻別人的光輝形象，那只會讓你失去朋友和尊重，變成網路酸民，覺得自己可恥，讓你無法面對自己。

5. 學會自嘲

放輕鬆一點吧！把自己尷尬的事情當作笑料來分享。這會讓人知道你不完美，因此更容易相處。自嘲和幽默都是吸引人的特質。

因為事實是，就算你不笑自己的蠢事，大家也早就看到了你的愚蠢，如果你不先笑，他們就不好意思在你的面前笑，但如果大家都在你的背後才笑你，真的比較好嗎？有什麼好掩藏的？我們都不完美。

6. 停止取悅他人

別在意別人對你的看法，因為事實是，你永遠無法讓他們滿意，無論對方是你的伴侶，你的親人，還是你的上司或下屬。

而且，你的人生是你自己的，不是嗎？憑什麼你要以他們的滿意為目標?!許多人只顧取悅別人，而陷入惡性循環，忘了關注自己的人生。告訴你一個祕密：我刊登的網路文章，底下的留言，我是從來不看的，因為無論是讚美還是謾罵批評，都與我無關。

7. 中性看待

太多的人強調「正面思考」，想要趕走「負能量」，但是為什麼不能用中性來看待事情的本質呢？我並不是不關心別人的意見，但是當我聽到別人讚美我的話語時，我只會特別聆聽別人沒有讚美我的部分，因為那就是我應該改進的，而別人批評我時，沒有批評到的點，就是對我的認同跟讚美。

學會在負面批評中聽到褒美，從美言中提煉出建設性評判，就會發現，不管喜歡我的人，或不喜歡我的人，他們對我的評語，其實都是差不多的。

8. 表達自己

我認識一個出家人，他從原本一個木訥不會說話的人，努力變成一個能談笑風生的人；從外型普通的人，變成讓人看一次就無法忘記的人。這些改變，就是透過學會「表演」。

無論是個性的表達，還是練習個人的風格，都是一個不斷嘗試錯誤的過程，所以隨時要根據時代趨勢、年齡、身分、角色，來動態調整自己的表達方式，不能堅持用一套形象過一輩子。當你能透過外在的表達，如實呈現自己的內在，就會從「表演」中畢業，讓人看到真誠，容易讓別人欣賞。

9. 接受生活的起落

我的家在波士頓外的一個小島上，面對著海邊，每天都會看到兩次潮起潮落。對我來說，這是一個很重要的提醒：連如此寬廣的海洋，每天都有起起落落，人有高潮低潮，每天有心情高低，運氣有好有壞，只要還在做真正的自己，那又有什麼關係呢？不需要試圖辯解，也不需要與人爭論。

只有「改變」是恆定的。我們不可避免地要隨著時間改變自己，也會被時間改變。接受起落，就像接受潮起潮落一樣，只去改變能改變的事，但是不需要白費力氣試圖去改變不能改變的事。

10. 接受別人

很多人的「做自己」是以「不允許別人做自己」為代價的。

如果你想要忠於自己，就別忘了，別人也想要忠於他們自己。所以尊重別人，就像尊重自己那樣。在我們學習接受自己的需求、夢想和渴望時，也別忘了接受別人的觀點、價值、選擇，在做自己的過程中，大量應用同理心，不要粗魯，輕率或者任性。

我們這一路都為了成長而做出很多努力，但是卻忘了只有「忠於自己」才能「變成自己」。我們是不是能夠答應自己，願意花時間慢慢來，跟世界保持適當的距離，學會對自己保持很高的期待，看到自己的價值，欣賞留白的美感生活，不害怕跟世界對立，勇敢選擇態度，放空讓自己保持無知，隨時保持開放？

這個野蠻的決定，卻同時是最優雅的決定，讓我在每一次生命被卡住的時候，只要稍微優雅轉身，就可以掙脫束縛，繼續舒適地做自己。

於是，我們才能慢慢變成自己真正想要的樣子。

6 什麼樣的人不認識自己？

可能有很多人看到我長年以來一直做自己喜歡的事，把自己活成自己想要的樣子，就以為我與生俱來就不在乎別人眼光，或是不理會社會、家庭期望，實際上當然不是這樣的。所以，我想要透過一個實際上與一位叫做東霖的大學生，進行哲學諮商的例子，來說明一個人要怎麼認識自己。因為從他的困境中，我也看到了那個在成長過程中，痛苦追尋的自己。

我的初衷不見了

東霖寫給我的信中，是這麼說的：

高中三年努力讀書，為的是考上人人口中的好大學。抉擇學系時，卻發現自己只埋首讀書，忘了為自己的人生做選擇——我到底喜歡什麼？我喜歡幫助他人，喜歡當義工、志工，也喜歡與人互動。大學我選擇了護理學系。現在大三，開始去醫院實習，發現所謂助人很快樂的初衷，卻跟護理病人時的幫助有點不太一樣。我才知道我比較喜歡直接助人，像是當圖書館志工，可以直接解決他人的需求。雖然當護理人員也是能這樣，但很多時候是無法立即看到成效的。

現在突然想休學，因為我找不到讀下去的動力，說實話，我並不討厭護理，但相對的也沒有喜歡。我知道我的休學有點類似逃避，其實做很多事情到最後都是可以助人的，比如說企業家賺大錢回饋社會……，但結果我的初衷卻不見了。

迷茫的大學生東霖

準備工作：幫不會問問題的人，找到對的問題

從東霖的敘述當中，我發現一件事：就像許多年輕人，他甚至不知道自己真正要問的問題是什麼。他口中說出來的話，就像一團沒有線頭也沒有線尾的毛線球，看不到可以真的稱得上「問題」的句子。

表面看起來他好像在問「為什麼我的初衷不見了？」但仔細看就會發現，東霖並不知道自己的「初衷」是什麼。想要幫助別人——幫助誰？好像什麼樣的幫助都可以、幫助任何人也都可以，在圖書館幫助人找書也可以，在醫院幫助病人復健也可以，變成有錢的企業家捐錢回饋社會也可以。這麼隨便的「初衷」，有追求的價值、有持續的必要嗎？這種「初衷」不見，有什麼可惜的嗎？

一個真正的「問題」，大抵應該從「為什麼」開始。所以我們首先從東霖的敘述中，找出三個可能的問題讓他選擇：

1. 為什麼我總是優柔寡斷？
2. 為什麼我不知道自己要什麼？
3. 為什麼我總是容易半途而廢？

看著這三個問題，東霖選了一個他覺得最重要的：「為什麼我不知道自己要什麼？」

對於一個不知道自己真正的問題是什麼，但人生一團混亂的人，這是一個不錯的開始。

自我中心的人，更要學著從別人的角度看自己。所以我請東霖試著退一步，假裝問這個問題的人是不認識的陌生人，去想幾個預設（presuppositions）：會問這個問題的人，應該是個怎樣的人？他是怎麼想的？

一開始，東霖覺得要脫離主觀想法，從第三者的角度去看自己的問題很困難。根據經驗，這樣做會有困難的人，通常是自我中心很強的人，很少從別人的角度來想事情。

但東霖的好處是，他是個態度開放的年輕人，願意敞開心胸嘗試，所以很快的克服心理障礙，給了我五個預設立場：

1. 他還不認識自己。
2. 他有太多選擇。
3. 他優柔寡斷。
4. 他沒有人生目標。
5. 他沒有夢想。

「這五個當中，你覺得最嚴重的是哪一個？」我問他。

「『他還不認識自己』這點應該最嚴重。」東霖說。

我們稍微討論了一下，一個不認識自己的人會怎樣？這讓我理解為什麼東霖會覺得這點甚至比沒有人生目標、沒有夢想更嚴重，也讓東霖藉機想清楚，要不要改變最初的回答？是否真的覺得「不認識自己」比其他四個都要糟？因為從東霖的發問中，我發現他似乎是個常常改變主意的人，所以我增加了這個「確認」的過程。

「我確定他最嚴重的問題，是『不認識自己』。」東霖非常確定地說。

人有沒有可能「不認識自己」？

「為什麼一個正常人會說他不認識自己？」我問東霖。

於是，東霖要求討論了一下什麼叫做「認識」的定義。

「你跟一個原本不認識的陌生人要見幾次面，才會覺得不再是陌生人，而算是認識的人？」我問。

「五次。」東霖斬釘截鐵地說。

為了確認，我問他在醫院實習，跟護理病人互動的時候，明明手上就有住院病人的詳細資料（出生年月日、血型、家庭狀況、病史等各種個人細節），而且已經見過四次了，還是陌生人？

「是。」東霖十分確定地說，「就是要五次。」

雖然我不懂為什麼，但是我可以接受每個人有自己的標準，五次就五次吧！

我接著問東霖：「那你這輩子有沒有見自己超過五次？」

東霖笑了，好像我問了很蠢的問題。「當然有啊！每天都見好幾次啊！」

「那我就覺得奇怪了，一個每天都跟自己見面好幾次、連續二十多年的人，為什麼會說他不認識自己？他有可能不認識自己嗎？」

東霖突然啞口無言了。

不認識自己的人，往往是不負責任的人

「一個根本不可能不認識自己的人，為什麼會宣稱不認識自己？」這是我請東霖回答的下一個問題。

「因為他很在意別人的想法。他覺得別人的想法比較重要。」東霖說。

「為什麼他覺得別人的想法比較重要？」我問。

「因為從小到大都有人幫他選擇。」東霖描述自己從小，父母、長輩、老

師都會告訴他怎麼做比較好，久而久之，需要面臨抉擇的時候，東霖就自然而然會去詢問有經驗的人，也參加很多專家名人的講座，當作自己做決定的參考。無論自己怎麼想，最後都覺得聽從別人的建議比較好。

「他自己可以做選擇嗎？」我問。

「當然可以。」

「可是他還是想要別人幫他做選擇？」

「對。」

「你知道這種人叫做什麼嗎？」

東霖搖搖頭。

「這叫做不願意負責任的人。」我說，「你有沒有想過自己是一個『不負責任』的人？」

「老實說，以前從來沒這樣想過，但這幾天才開始想會不會是這樣，結果你就說了。」東霖有些驚訝的說。

「所以這個不願意自己做決定的人，究竟是因為『不認識自己』，還是

『不負責任』？」

東霖拒絕直接回答我的問題，提出抗議：「可是我覺得認識護理病人，跟認識自己，這兩種『認識』的定義應該不一樣。」

於是我們再度回頭討論「認識」的定義。東霖覺得陌生人見五次就可以算認識，不需要知道對方所有的事。可是認識自己不一樣，要全面認識，認識自己的全部，所以就算每天跟自己見面，當然還是有可能不認識自己。

「為什麼有雙重標準？」我問東霖，「認識自己為什麼需要知道全部？」

我想我知道為什麼他會有雙重標準，因為從一開始，東霖就是習慣以自我為中心的人，所以才難以從別人的角度來想自己，但認識別人不需要知道全部，認識自己卻需要知道全部，原因很簡單：「貪心」。

「你有沒有想過自己是一個既不負責任、又貪心的人？」

東霖發出痛苦的呻吟。

覺察自己的貪心

一個不負責任又貪心的人，永遠不可能得到他要的，原因很簡單：

1. 一個不願意自己負責任的人，代表他不願意冒險。
2. 一個貪心的人無論多麼成功，永遠注定會失敗。

東霖說他可以理解第一點，但不能理解第二點。所以我進一步解釋，貪心的人想做的事情，永遠是下一件事，而不是現在正在做的事。

比如說一個貪心的人，什麼都想要，而且凡事都想要擁有最好的結果，吃午飯的時候已經在想著要去哪裡喝下午茶的CP值最高，喝下午茶的時候已經在想著接著要到哪裡看哪一部電影，同樣一部電影還要想著去哪一家電影院看聲光效果最好，價格最優惠，因此從來沒有「活在當下」。而人的生命有限，總有一天，他會做出不完美的決定，選到一家CP值不夠高的餐廳，選到一家看完電影附近沒有地方吃飯的電影院，或者來不及做下一件想做的事，最終結果只有一個，那就是「失敗」。

「所以我只要負責任、停止貪心，就可以解決問題？」東霖問。

「你看你又來了，」我笑著提醒他，「你要我幫你做這個選擇，告訴你這個答案，所以自己就不用選擇，不用負責任，是嗎？」

東霖若有所思了一會兒，「所以認識自己這兩個致命傷，又有什麼用呢？」

「當然很有用。」我說。因為每一次遇到問題的時候，只要問自己：「一個負責任的人遇到這件事情要如何面對？」還有「我是不是因為貪心，才會遇到這個問題？」「一個貪心的人遇到這件事情如何面對？」這種對自己的適時提醒，就會讓我們意識到自己的思考路徑，作為一個認識自己的人，就知道如何面對問題。

至於這個好處，對於一個貪心的人來說夠不夠好，那就得看這個人有多貪心了。

關於這節哲學諮商的反饋

東霖過去有相當多的心理諮商經驗，所以我請他反饋的重點，是從他的個人經驗來談「心理諮商」和「哲學諮商」的異同點。

「我認為相同點在於，因為諮商師是陌生人，所以反而可以比較沒有顧忌地深入討論。」東霖說，「主要的不同點在於心理諮商注重傾聽，透過誘導跟融入情境的方式，讓人覺得放心，所以每週一次，想到有人可以聽自己盡情說話，變成一種釋放壓力的期待；然而哲學諮商比較像震撼教育，用『剝洋蔥』的方法快速進入問題核心，雖然很痛苦，但是可以誠實看到透過心理諮商也看不到的黑暗面。」

至於這節哲學諮商，讓東霖最覺得驚訝的地方，是發現自己原來是一個「貪心」的人。

「如果我願意把自己當陌生人看待的話，看五次就認識了，其實不需要認識自己的全部，也能夠認識自己。」

假裝不認識自己，其實就是一種「不負責任」的表現。

「不能吃飯的時候卻一直想著甜點。」東霖也發現，如果喜歡的事永遠不是正在做的事，「喜歡」就失去價值。

最後，我問他對這節哲學諮商有什麼感覺。

「一種虛脫的感覺。」東霖說。

我們都笑了。我想他是對的。

7 今天，你用看陌生人的眼光重新打量自己了嗎？

最熟悉的陌生人：我是青蛙還是蝴蝶？

無論是少年時期的我，還是東霖，你我都是經歷成長和蛻變，才終於能慢慢變成自己喜歡的樣子。但是我們往往有一種迷思，以為從小到大的「我」，生命是連續的，型態是固定的，卻忘了人就像大自然當中的許多生物，一生之中可能擁有多種完全不同的生命形態。

或許有些人想到的是蝌蚪變成青蛙的過程。青蛙的一生，幼年時期與成年時期確實可以擁有兩種不同的體態，但只要在小學自然科學課上曾經飼養過蝌蚪的人，親眼目睹過蝌蚪長成青蛙的轉變過程，應該都知道蝌蚪會先消失外鰓，然後長出後腿，之後前腿也逐漸萌生，然後形態越來越趨近於青蛙，之後變成了一隻長著小尾巴的青蛙，最終長大成為我們所熟悉的青蛙外型。這個蝌蚪變青蛙的成長過程一點也不突兀，也稱不上神祕，頂多只能說像是哲學上「忒修斯之船」那種值得思考的轉變。

如果你不知道忒修斯之船的故事，我快速來說一下：公元一世紀時的希臘作家普魯塔克引用了以下的古希臘傳說作為舉例。

忒修斯與雅典的年輕人們自克里特島歸返時所搭的三十槳船，被雅典的人留下來作為紀念碑。隨著時間過去，船上的木材逐漸腐朽，雅典人便更換新的木頭。最後，該船每一根木頭都被換過了；因此，古希臘的哲學家們就開始問：「這艘船還是原本的那艘忒修斯之船嗎？如果是，但它已經沒有最初的任何一根木頭了；如果不是，那它是從什麼時候不是的？」

普魯塔克接著提出了這個問題：「如果忒修斯的船上的木頭逐漸被替換，直到所有的木頭都不是原來的木頭，那這艘船還是原來的那艘船嗎？」這問題就被稱做「忒修斯之船」。所以蝌蚪變成青蛙的過程，可以說就像這艘忒修斯之船一樣。

有些人也是這樣，一點一點的蛻變，就像中國諺語說的：「三歲看大，七歲看老」，無論怎麼成長，都會在同一個結構上，從小就可以看出長大後的模樣。

但是也有些人的成長，比蝌蚪變成青蛙更複雜，要形容的話，可能更像蝴蝶這類昆蟲的完全變態。我們都知道毛毛蟲會結蛹，但結蛹之前的毛毛蟲，和破蛹而出的蝴蝶，外觀上根本沒有任何相似的地方，所以你是否也對毛毛蟲在蛹裡的時候，到底發生了什麼事充滿好奇？如果我們看懂了蝴蝶，或許也就能夠看懂為什麼日本人稱「黑道牧師」的進藤龍也，在十八歲時加入日本三大黑幫之一的「住吉會」，徘徊在東京街頭販賣冰毒，自己也染上了毒癮。二十二歲起，他一共被逮捕七次，三度進出監獄，但這個全身刺青、左手小指也切斷一截的不良分子，有一天卻成了道貌岸然的牧師。

在人類的世界，我們往往用「羽化成蝶」來描述成長與蛻變，蝴蝶幼年時期是一隻人見人厭的毛毛蟲（對，就像大多數調皮搗蛋的小朋友一樣），而在化蛹之後，破蛹而出的則是擁有一對美麗翅膀的花神，那麼在蛹之中到底發生了什麼神奇的事？

實際上，破蛹之後的蝴蝶，嚴格來說並不是結蛹之前的那隻毛毛蟲。為什麼這麼說呢？當毛毛蟲從卵中孵化出來之後，牠其實並不只是一隻毛毛蟲，因為在毛毛蟲的身體內部，還住著另外的一個自己，也就是成年的自己。

是的，未來的蝴蝶，其實已經在毛毛蟲的體內了，不過此時牠還不是一隻蝴蝶，只是一些分布在幼蟲體內的「成蟲盤」，簡單來說也就是一些能夠發育成成蟲器官的細胞，雖然所有的成蟲盤都位於毛毛蟲的體內，但是這些細胞在毛毛蟲時代，還沒有開始發育，所以毛毛蟲完全沒有蝴蝶的樣子。

毛毛蟲從一出生就會開始不斷覓食，而覓食的唯一目的，就是為成蟲盤提供足夠的營養。在營養的供給下，位於幼蟲體內的成蟲盤不斷發育，當發育到一定的程度之後，毛毛蟲便會開始結蛹。此時毛毛蟲的軀殼會逐漸硬化，成為了一個硬殼，這個硬殼的唯一作用，就是保護內部即將發生的一切——聽起來是不是很像叛逆的青少年呢？——一旦化蛹，毛毛蟲就完全失去了行動的能力。這時蛹內組成毛毛蟲的所有功能細胞將會在蛹內被消化分解，牠們化為飽含蛋白質的漿液，換句話說，整隻毛毛蟲都「溶化」消失在蛹裡了。

簡單來說，蝴蝶在毛毛蟲出生的時候，便以零零星星的細胞形式，「寄生」在毛毛蟲的體內，然後不斷吸取營養，最終連毛毛蟲也被牠當作了養分，化為漿液的幼蟲軀體，成為成蟲盤發育的營養來源。成蟲盤加速發育，不只口器、觸角、眼、足、翅膀逐漸發育成型，各種臟器也迅速發育成熟，順利的話，終於會從一堆零零落落的細胞，變成一隻完整的美麗蝴蝶、破蛹而出，羽化成蝶。

聽起來有些恐怖，又有些超現實，而且非常艱困，充滿了痛苦和危險，不是嗎？對有一些人來說，這才是他們真正的成長故事，然而不知情的外人，卻天真的以為眼前美麗的蝴蝶，就是原來的那隻毛毛蟲，好像蝌蚪長成了青蛙一樣簡單。

所以，青蛙和蝴蝶，哪一個才是你的成長故事？

無論是青蛙或蝴蝶，共同的一點是，過去的自己和未來的自己，都是最熟悉的陌生人。

我哲學諮商所接觸過最年長的客戶，曾經歷了一段前所未有的「自我發現」的旅程，開始坦然地接受自己身體裡的孩子。

「我竟然敢讓身體裡的小孩出來，跟阿北對話！」他說。「我要如何把身體裡的孩子和大人部分做一個平衡呢？」

我笑了笑，問他：「你知道青蛙跟蝴蝶的故事嗎？」

一百年前的巴黎，跟現在的巴黎是同一座城市嗎？

一個人的生命歷程是如此，一座城市也是如此。比如中古世界的巴黎，跟現代的巴黎，真的是同一個城市嗎？

這可以是一個歷史問題，但對我來說，更是一個有趣的哲學問題。

我有一位長年住在巴黎瑪黑區的好朋友Ken，他總是抱怨今日的瑪黑區，不是他剛來到巴黎時的瑪黑區了。但誰決定瑪黑區什麼時候再也不是瑪黑區的？中古世界的巴黎，是什麼時候開始變成現代的巴黎的？上古世界的羅馬，跟文藝復興時期的羅馬，是同一座城市嗎？如今生活在開羅的埃及人，真的是西元一〇〇〇年時埃及人的後代嗎？現代的倫敦，是十六世紀的那個倫敦變成的「青蛙」還是「蝴蝶」？

我在讀著英國歷史學家約翰・諾維奇（John Julius Norwich）撰寫的《文明的驛站》（*The Great Cities in History*）裡收錄的七十座城市，書裡將城市按照上古世界、西元第一千世紀、中古世界、近代世界、現代世界區分，但是羅馬、巴黎跟倫敦，都出現了不只一次，這讓我不禁停下來思考，究竟在歷史學家的心目中，它們是同一座城市，或只是正巧出現在不同的時代中同樣地理位置的同名城市？

同一座城市透過不同的時間，不同的城市透過不同的空間，帶來各式各樣的熟悉感、以及陌生感。同一座城市，卻可以因為時間變得如此不同，而不同的城市，卻又可以因為連鎖咖啡館、國際貿易的串連，變得如此類似。

而微不足道的我們，我們的祖先，我們的後代，則在時間的洪流當中，透過旅行，努力扮演好自己的角色，那個角色叫做城市的「陌生人」。

當自己的陌生人

如果你不知道「陌生人」的概念，那是柏拉圖晚年的政治哲學對話《法篇》裡登場的人物。作品裡面的對話人物有三個，一個是沒有名字的雅典陌生人、還有一個是克里特的立法者克雷尼阿斯（Kleinias），另一位是斯巴達的立法者麥基魯斯（Megillus）；對話的場景，是在從克里特島上，從克諾索斯（Knossos）前往宙斯的神廟和洞穴的路上，但是一直到這本書的結尾，他們都還沒有抵達宙斯的洞穴。

雅典陌生人因為既不是克里特人也不是斯巴達人（儘管他對這兩個城邦的習俗並不陌生，但也不會被當地的習俗所束縛），所以他可以幫助這兩個城邦的年老的立法者，用全新的眼光去看充滿習俗的城邦，重新解釋克里特與斯巴達兩個城邦的政治制度和習俗，卻繼續保持對當地習俗的敬意。

另一方面，雅典陌生人跟克雷尼阿斯和麥基魯斯一樣，都是在各自當地的習俗中成長的，思想觀念都免不了受到當地習俗的影響，但因為雅典陌生人離開了自己的故鄉雅典，因此不會被雅典的習俗所束縛，雖然知道自己習俗背後的目的和依據，卻不需要為自己的習俗辯護。

這或許解釋了從小到現在，我對旅行無法澆熄的熱情。旅行者的角色是到不同的城市，扮演「外國人」的角色，就像柏拉圖在他晚期對話中那個沒有名字的雅典「陌生人」。在旅行中，我努力善用「陌生人」的概念，當自己的陌生人，也當別人的陌生人，讓我們看待世界的角度、看待自己的角度，都因此變得更加立體。

陌生人，是不將事情視為理所當然的人，是不接受習慣的人，不了解協議，也不承認協議的人。旅行者習慣自己成為自己的陌生人，也在群體裡面扮演陌生人，不會為了得到保護而跟群體融合、不需要被群體認可，也不會尋求群體的同意。他的存在不論是對別人還是對他自己，都不是待在那裡帶給人安心的，就像我的法國哲學老師奧斯卡．柏尼菲博士說的：「想要尋求安心的人應該去找心理學家或父母。我在這裡的作用是去驚擾，去激起思想中固有的焦慮，去刺激思想的發生，就像德國哲學家萊布尼茲（Leibniz）所說的那樣。」

要誘發哲學，就必須進行哲思。要認識一座城市，就必須穿越時空去旅行。到有著偉大歷史的城市去當一個陌生人，讓我們習慣熱愛、渴望和產生原本不屬於自己的東西。

然後我回頭，試圖看懂自己故鄉的城市：當我覺得別人應該要關注我、同意我的時候，我從「陌生人」的角度注視過自己了嗎？

雅典陌生人知道如何當自己的陌生人嗎？

我想到來自臺灣的新聞節目製作人Roger（鄭凱駿），他大學時期開始替CNN新聞網站撰稿，曾任英國路透社、Newsweek、BBC、ESPN和阿拉伯半島電視臺的特約記者及專題製作人，在一次訪談中，他說長年製作國際新聞的經驗告訴他，臺灣能上得了國際傳媒的新聞只有四種：地震、颱風、檳榔西施，還有以前會有現在已經絕跡了的國會打架。為什麼他知道必須是這四種？因為他雖然在臺灣，卻必須站在陌生人的位置看臺灣，才知道不同的國際媒體想要看到的臺灣是什麼，而不是臺灣想要讓國際看到的是什麼。

這與我們喜不喜歡這個現實，其實沒有關係。

成為一位柏拉圖筆下的「陌生人」，是一個多麼有趣的概念！我怎麼能捨得不去旅行、不去追求前人們所留下的東西？怎麼捨得不去思考呢？

抱著旅行者的精神，每當我覺得別人應該要關注我、同意我的時候，我更要提醒自己：「我今天從『陌生人』的角度檢視自己了嗎？」

如何訓練自己當陌生人？就是善用旅人獨有的好奇心。把自己當成電影《腦海裡的橡皮擦》裡面那個主角，我們每天充滿全新的好奇。

把每一次吃冰淇淋，都當作第一次，完全沒有料想到冰淇淋的溫度是冰的，質地是軟的，味道是甜的，讓自己真心好奇、感受到驚訝。

這就是哲學中說的「習得性的無知」（acquired ignorance）。當我們具備了習得性的無知時，我們就有資格當自己最需要認識的那個陌生人——無論你是青蛙還是蝴蝶。

跨出第二步

認識未來的自己

8 為什麼我一直沒有成為自己喜歡的那個人？

四年半以前，我收到一封讀者的來信，是一個喜歡旅行的讀者。他知道我也很喜歡旅行，所以他想跟我討論一個旅行的問題。他發現在太多的旅行之後，當初那種「旅行」的感覺好像不見了，他覺得很憂慮：「當感覺不見之後，我沒辦法決定下一步該怎麼前進？」

我當時沒有注意到這封來信，直到一年半以後，有一天在整理郵件時，才突然看到，心裡很過意不去。我想了很久：應該去回答一個人十八個月前的問題嗎？

我想著一些從前曾經困擾我的問題，然後發現，很多當時覺得簡直天要塌下來的問題，隨著時間過去，就會不知不覺變小，甚至自動消失不見，既然我是如此，應該別人也是這樣吧？

於是，我決定不去回答這個好像在海中撈起來的瓶中信裡面的問題，但還是寫了回覆，先對於遲遲沒有看到信件道歉，然後誠摯的說希望這段期間以來，他已經找到屬於自己的答案，並且走在成為一個自己喜歡的人的道路上。

我寄出這封回覆之後，對方沒有回信，我也就沒把這件事放在心上。沒想到有一天，突然又收到他的信，原來他在我的臉書上看到我當時正從墨西哥航海到阿拉斯加的消息。他說自己目前住在阿拉斯加州西北方一個叫做 Homer（荷馬）的小鎮，想知道我什麼時候抵達阿拉斯加，說不定可以見一面。但是很可惜，因為時間不湊巧，所以我們還是沒能碰面。

時間就這樣一直過去，直到後來突然又收到了他的第三封信。

從第一封信到現在，年復一年，我還是沒有變成那個自己喜歡的人。基本上，我卡住了！生活卡住了，想法卡住了，行動卡住了。我變成在滾輪裡不斷轉圈圈的老鼠。我該如何思考自己的下一步？

看到這個問題，我即使透過電腦螢幕，也可以感受到那份沉重。很多時候，我們都告訴自己，一切都會變好，所以我們把希望都寄託於未來，以後可以離開這個鳥不生蛋的地方，可以經濟獨立，脫離這個帶給我許多痛苦的原生家庭，我要去旅行，看世界，展開翅膀飛翔！

但是有一天，我們回頭一看，才驚覺我們不只已經長大，甚至已經開始慢慢衰老了。然而我們過去夢想中，那個過著幸福快樂日子的完美自己，到底在哪裡呢？

這位讀者說他在臺灣長大，接受教育，畢業之後大多在國外旅行或度假打工，目前定居在阿拉斯加的這個小鎮，是個崇尚開放式思考的地方。幾年來生活在這個小鎮的時間與經驗，讓他體會到，由於東西方的文化差異，自己在獨立思考上很多需要加強的地方，以及實際生活經驗的不足。所以當他在思考著下一步自己該怎麼走的時候，發現自己給出來的答案，仍然圍繞著各種「符合社會期待」的想法。他不禁困惑：

我不知道我是真的想符合社會的期待，或者是我的思考方式只知道要去符合社會期待？

在民風保守的阿拉斯加，這座小鎮是例外嗎？

以為是在追求開放，卻發現自己還是只想到符合社會期待……

聽起來是不是有點熟悉呢？其實你不需要到世界盡頭的阿拉斯加，可能也有著跟他相同的感受。

哲學諮商的本質，是透過思考來幫助遇到問題的人，看到自己的問題、面對自己的問題，然後自己提出解決問題的方法，而不是由哲學諮商師來「告訴」對方，問題是什麼、要怎麼想這個問題、或是該怎麼解決。也是因為如此，哲學諮商師的任務是在看到對方思考的盲點以後，針對這個盲點提出「好的問題」。而一個**所謂「好的問題」，要讓對方聽到以後受到刺激、開始思考，也開始察覺到自己的盲點**，達到「一語驚醒夢中人」的效果，開始用一個不同的角度來看待困擾自己的問題。

我決定問他：「我沒有去過阿拉斯加的荷馬鎮，你可不可以舉三個例子，告訴我：你為什麼說你居住的這個小鎮崇尚開放式思考呢？」

這個問題表面上跟他的人生困境沒有直接關係，但是我卻看到一個很關鍵的盲點。只要對於美國稍微有所了解的人都知道，阿拉斯加州在美國，被認為是保守的共和黨票倉，甚至當地一些公立學校會拒絕基礎科學，比如禁止老師教授達爾文的物種演化說，而把聖經裡的上帝造人當作事實來教導學生。從常理上來說，大都市的人有可能比較開放，但是小城鎮或是鄉下人，應該是比較保守，所以他竟然在信裡把他居住的小鎮形容為「崇尚開放式思考」的地方，讓我相當驚訝。

這件事情的合理解釋，基本上只有兩個，第一個可能性是荷馬這個小鎮真的很特別，跟阿拉斯加其他地方都不一樣，是個特別開放自由的地方。第二個可能性就是這位讀者的盲點很大，根本沒有意識到自己住在一個民風保守，思考僵化的地方。

經過上網了解，我發現這個五千多人的小鎮，確實是個非常典型的阿拉斯加小鎮。不僅民風保守，而且出來選市長的，無論是當選的、或是候選的，都是共和黨人。前任市長還因為反對地方人士在鎮上設立大麻工廠，同時宣布六月是荷馬鎮的「同志驕傲月」，以至於撕裂民意，連嘗試競選連任都不用，就自動出局了。而新上任市長的勝選關鍵原因，根據在地報紙，竟然是因為他「完全沒有政見」。

從這些訊息可以判斷，荷馬鎮應該不可能是一個「崇尚開放式思考」的小鎮，而是一個典型的封閉、保守社區，那麼就只剩下第二個可能性了。

自然、傳統、多元，都不等於「開放」

收到回信時，他說了他心目當中的三個例子：

一、生活方式：種植蔬果、採集捕魚、打獵。小鎮上有兩個主要超市，可以買到大部分的東西，但是價格偏高，食物方面不見得新鮮，因此需要當地的夏天農夫市集，多數人也都有自己的花園，種植新鮮健康的當季產物。鮭魚洄游或打獵季節也都是當地環境提供食物的時候。因此如何耕種、如何捕／釣魚、去哪裡／如何打獵，以及之後的食物保存保鮮（過冬），每個人都自有一套模式與見解。

二、地理環境：小鎮位於道路的盡頭，除了空路之外，另一個延伸出去的就是無止境的水路。有些人住的地方只能靠船抵達，這些人住在大自然中，隨著他們的居住環境以及交通方式差異（不同的船有不同的處理模式），每個人有著不同生活模式。

三、當地人：長年居住在這小鎮上的，有一部分是土生土長的人，但大部分的人來自各個不同的州，甚至有少數來自不同的國籍，因此在討論想法的時候，隨著每個人不同的成長背景，所提供的見解也各有不同。

很明顯的，他說的第一個例子叫做生活方式「傳統」，第二個例子，叫做地理環境「自然」，第三個例子，叫做居民組成「外來／多元」。雖然這些例子跟「開放性思考」可以有關係，但是並沒有直接聯繫。不相信的話，我們也可以用同樣的這三點例子，來形容臺灣或是任何一個國家的任何一個偏遠鄉村、或是原住民部落。

可能有人會說，「外來／多元」的居民組成，當然會吸引想法特別開放的人，但是仔細一想就發現不合理。思想特別開放的人，會想要移居到一個遺世獨立、特別保守的小鎮上嗎？還是更可能會吸引想法特別保守的人，從其他地方來？

所以，單單「多元」，並不意味著「開放性思考」。

從「憑感覺」走向真正的思考

經過這個提問之後，他慢慢看到，選擇定居在阿拉斯加小鎮的自己，的確就是屬於價值觀「保守」的那一群人之一。因此，一個價值觀保守的人，無法「開放性思考」，而會以「滿足社會期待」為優先，這並不意外。當然，一個「價值觀保守」的人，還是可以「開放性思考」，兩者不衝突。但首先是，必須覺察到自己是一個怎樣的人。

如果過去的你，是一個靠「感覺」決定下一步該怎麼走的人，其實那並不是思考。能夠覺察這一點，你就會停止去等待「感覺」出現，而開始真正的思考。這一切都必須回到對自我的覺知上。那麼，一個價值觀保守的人，該如何思考出除了「滿足社會期待」以外的其他選項呢？

其實這個問題比想像中更簡單。想像有一個臺灣的年輕人問你：「一個居住在馬祖西莒島、價值觀保守的人，該如何才有可能思考出除了『滿足社會期待』以外的其他選項？」你會如何建議這個住在離島的年輕人呢？

想出來之後，這就是對自己的建議了。

透過提問，看到真正的自己，然後因為看到了自己的盲點，困擾自己的問題就變小、甚至消失不見，這就是哲學諮商有趣的地方，也是哲學思考能應用在日常生活上的證據。

9 談競爭力之前，先想想你到底在跟誰競爭？

「你知道你在跟誰競爭嗎？」

在誠實、安全的思考環境下，許多準備進入大學的高中準畢業生，活到十八歲才第一次有機會去思考「競爭」的荒謬。我曾經應邀到臺北市一所公立高中，面對一群暫時放下學測升學壓力，報名來上哲學課的苦悶高三生，這是我問他們的第一個問題。

長期習慣等待老師丟出「標準答案」的好學生們，先是一片沉默，但是我解釋在我的課堂上，沒有所謂正確答案這種東西，只要思考過、合乎邏輯的答案，都可以是對的答案之後，思考的觸鬚像躲在殼裡的寄居蟹一樣，慢慢地、試探性地伸展，然後徐徐地探出了眼睛和手腳。

經過討論之後，我們得到了三個答案：

1. 我在跟「自己」競爭，
2. 我在跟「未來」競爭，
3. 我在跟「大家」競爭。

於是我們按照支持的人數從少到多，做了一場討論。

我是在跟自己競爭嗎？

我又不是自己的敵人，為什麼要跟自己競爭呢？難道是人格的分裂嗎？還是我像是生病的免疫系統，在攻擊自己健康的細胞？我們都說要成為「更好的自己」，但是為什麼要成為更好的自己？是因為真正的我不夠好、所以我應該透過競爭，成為一個假的自己嗎？

經過了一番檢查之後，我們看到人是在跟「自己」競爭這個假設，是不符合邏輯的。

「十年前的我跟現在的我，是不是同一個人？」我問一位支持這個說法的高三生。原本他說十年前的自己是一個「陌生人」，但是我問他八歲的那一年，有沒有發生什麼改變了人生的事，他想了想以後說：「有，我開始去補英文。」

「然後呢？」我繼續追問。

「英文進步很快，得到誇獎，我開始對其他科目也產生興趣，成績開始從墊底變好，就這樣一路進步到現在，才可以考到現在的好高中，可能也會進好大學。」

「所以十年前的你，做了一些什麼之後，變成了現在的你。」我說，「現在的你，是不是決定做些什麼，就會變成十年後的你呢？」

喜歡打籃球、交朋友、獲得新經驗的高三生思考過後，同意現在喜歡做的這三件事情，當然會決定二十八歲的自己是誰。既然我們一直都是同一個人，為什麼要跟未來的自己競爭呢？這是個不合理的說法。

我在跟未來競爭嗎？

接下來，檢查一下我們在跟「未來」競爭這個說法。未來一定是敵人嗎？還是未來可能是一個朋友，站在我們這一邊？

是誰告訴我們未來是敵人？

「那些恐懼未來的人。」學生說。

「什麼樣的人，會恐懼未來？」我問。

答案很簡單：看不懂未來的人。簡稱「大人」。很多大人看不懂未來，所以不知道 YouTuber、直播主、電競選手當然也是一份真正的工作。如果連這些工作為什麼是職業都無法理解的人，真的看得懂未來嗎？年輕人應該聽從他們對於未來的建議嗎？

現在就是過去的未來，不是嗎？現在有很可怕嗎？如果現在（三年前的未來）一點都不可怕，那麼未來（三年後）為什麼會可怕呢？更何況，未來還沒有發生，一個頭腦清楚的人會說自己現在正在跟一個根本不存在的事物競爭嗎？

我在跟大家競爭嗎？

我很驚訝地發現，在場有八成以上的高三生都覺得自己正在跟「大家」競爭，但這是真的嗎？

「人為什麼會覺得自己在跟全世界對抗？」我問。

老師和學生們共同找到了兩個最重要的原因：猜忌別人，以及害怕自己輸給別人。

應試教育下的學生，就像從小被訓練的賽馬，會被戴上眼罩。賽馬用的眼罩英語叫做「Blinder」，顧名思義，就是故意蒙蔽馬的視野。由於馬的眼睛長在頭部的兩側，馬匹的視野相對於人來說更為寬廣，除了正後方之外，幾乎沒有盲區，正常的賽馬就像一個好奇的孩子，會關注發生在身邊所有的事物，從看臺、賽道旁豎起的杆子、再到賽場旁的灌木叢，都會引起注意。但在賽事中為了讓賽馬跑出更好的表現，希望賽馬只將注意力集中在前方，所以便遮蔽了他原本可視的範圍，於是馬匹的視野就不自然地變窄、變小。

著名練馬師柏多迪（Todd Pletcher）曾說：「（在比賽過程中）有的馬會

走神，有的馬會害怕，有的馬甚至害怕和其他馬一起跑，結果如何純粹由本能來決定。賽道旁的這些灌木對你來說可能沒什麼，但對賽馬來說可能會像遇見一頭豹子那樣可怕。」

換句話說，賽馬的眼裡根本沒有「大家」，而應試教育下的我們，只是被迫一直在跟自己的好勝心、懦弱、自卑、和貪婪對抗。

換一個視野，你可以看見不一樣的人生

在誠實、安全的思考環境下，許多準備進入大學的高中準畢業生，活到十八歲才第一次有機會去思考「競爭」的荒謬。

就像哲學討論中常說的：門外沒有別人，只有你自己。你不用跟誰競爭，不用跟自己競爭，也不用跟未來競爭，更沒有所謂的「大家」在跟你競爭。我不知道這個新發現，對於為競爭所苦的學子，究竟是好消息、還是壞消息，但是我衷心祝福每一個視野被故意遮蔽的受苦心靈，能更在思考以後，苦

悶變少一點，世界變大一點，多一點自在，朋友也變多一點——至少自己要當陪伴自己一輩子，從過去、現在、到未來的摯友。

我自己願意當可以睜著好奇的「全視之眼」，好好被沿路風光分心的那種劣馬。至於那些相信競爭是真的，喜歡競爭、一心想要競爭的人，我不但沒有反對，還可以介紹他們除了「Blinder」眼罩之外，還有開縫眼罩（Visor）、防沙眼罩（Eyeshield）、單邊眼罩（Eyecover），不夠的話，還有頭套（Hood）跟臉罩（Cheek Piece）等等，可以全套收藏，每天換著戴喔！所以請不要對這一篇文章太認真，畢竟我沒有在比賽，超沒競爭力的，只是每天開開心心活著，做著我真正喜歡的事。想比賽、想贏的人，通通都算你贏喔！

10 到底，什麼才是你的成功人生？

我曾收到過這樣一封電子郵件，是個不認識的讀者寫來的，原文是這樣的：

我想請問一下，如果想去連合國工作（也不一定是工作，可以申請到2-3個月的實習也好，我找不到連合國的官網，懇請能不能指點一下，要不然我不知道能去哪裡看？）要有神麼條件？我今年23歲，目前在準備研究所，有自己出國的經驗。麻煩你了！

這短短幾句話，卻看得我火氣直衝腦門。

首先，一個二十三歲，從小到大學習正體（繁體）中文的人，竟然連淺顯的「聯合國」都可以寫出錯別字，中文未免太差。

然後，一個想去聯合國工作的人，竟然可以大言不慚地說找不到聯合國官網，這個笑話未免太離譜。

再來，什麼叫做「2-3個月的實習也好」，你知道要進聯合國當實習生有多麼競爭嗎？不說聯合國，以世界貿易組織（WTO）組織為例，首次舉辦的「青年學者實習計畫」（YPP），全球僅有十二個實習生名額。一個連聯合國的名稱都寫錯、官網也找不到的人，憑什麼認為實習生這機會手到擒來？

還有，臺灣不是聯合國的會員國，拿著臺灣護照是不能去工作的，連基本國際政治都不了解，憑什麼說自己想進聯合國工作？

我想起從小就想要進入國際組織工作的臺灣青年黃一展，為了能留在聯合國工作，他從高中開始準備，研究所畢業後，如願申請到聯合國為期半年的實習機會。實習期間，他到亞太總部的五十多間辦公室一間一間敲門，一次一次碰壁，被拒絕到沒感覺。但因為臺灣不被聯合國認定為「國家」，為了要圓夢，黃一展最後在國籍欄選擇「無國籍」，做了如此重大的犧牲，才總算在資訊與通訊科技部門取得正職。這樣的事情，這位讀者知道嗎？

迷茫的大學生，大多是「做得不多而想得太多」

這些心中的OS，我都忍了下來，心裡浮現的是來自福建的青年李柘遠在《不如去闖》這本書裡所說的一句話：迷茫的大學生，大多是「做得不多而想得太多」。

這個十八歲以全額獎學金錄取耶魯大學、二十二歲入職高盛投資銀行、二十三歲獲選「全球傑出青年」、二十五歲考取哈佛商學院的年輕人，和寫信給我的讀者相較之下，似乎是鳳凰與烏鴉之別。

但仔細再想想，真的是這樣嗎？

李柘遠的這幾個重要的經歷，被當作成功人生的證據，選錄在書的封面上，但這真的就是成功的人生嗎？成功到底是什麼？

環境生態學家奧爾（David W. Orr）提醒我們，生物界確實沒有「成功」的概念，自然也不需要對於成功的追求。比如說，我們從來就不會聽到有人形容哪幾隻河馬很成功，是河馬界的人生勝利組排名前十名，或某隻蝴蝶超失敗，根本是魯蛇蝶一枚，唯一帶著這個對地球毫無意義的包袱生存著的，就只有人類。

奧爾在《生態教養：為了世界的永續，教育我們的下一代》（*Ecological Literacy: Educating Our Children for a Sustainable World*）裡面有一段話，我時常與人分享：

> 顯而易見的事實就是：這個星球並不需要更多成功者。但卻迫切需要更多帶來和平的人，能夠療癒的人，能夠修復的人，會說故事的人，和各種懂愛的人。需要人們在他們的地方生活，需要有道德勇氣的人，願意加入這場讓世界變得更適合生存也更符合人性的戰鬥，然而這些特質跟我們心目中定義的成功幾乎毫無關係。

所以，如果我只用「成功」來定義李柘遠，我和那個連聯合國官網都找不到的讀者，就犯了同樣的錯誤。我寧可從過程而非結果來看李柘遠的故事。

他們的差異，其實是……

李柘遠在廈門念中學時，因為一心一意想上耶魯大學，即使被無法理解的「大人」當成反面教材也沒有動搖；他從高中參加模擬聯合國會議的訓練，學會換位思考；在接受面試的時候，發現回答「是什麼」的正確答案，遠不及知道「為什麼」來得重要；知道自己想要什麼（但做好充分準備，願意獨立承擔萬一失望的後果），比心想事成更珍貴；進入耶魯大學後，學會正視人生的第一次挫敗；從美國同學學習中文的態度，學會對熱愛之事的熱情與專注遠比成績重要；當主流社會把他從耶魯到投資銀行到哈佛商學院的故事，解釋成「成功、成功、再成功」時，他卻說自己在貪婪的金融業學習到如何成為「誠實、樸實、踏實」的人……。

或許，沒有看到重點的，一直是那些「大人」們。

最讓我安心的是，仔細觀察世俗標準所謂的「成功者」，他在講述自己故事時，總是充滿了自省和謙虛，而不是頭銜或財富這類對於成功的表面想像。這也讓我繼續相信，人在世界上最大的所謂成功，其實是能夠不在乎結果，自信面對自己的選擇，享受追求過程的能力，然後逐漸成為自己喜歡的那個人。

11 你到底想當狼，還是狗？（還是雞？羊？）

或許有些人會用讚揚的態度，來形容我前面提到的那個二十三歲想進聯合國工作的年輕人，說這就是年輕一輩需要的「狼性」，但你是不是也覺得哪裡怪怪的？你知道這種說法的根本邏輯問題在哪裡嗎？

「狼性」是褒還是貶？

「跟北京頂尖的大學生相處以後，發現每個都既優秀又拚命，真不知道臺灣年輕人未來拿什麼跟人家競爭！」有一個剛去北京航空航天大學拜訪的臺灣朋友，非常感慨地說。「我看了很有感，大陸人跟臺灣人的學習心態真的很不同，他們好積極熱烈喔！」

很顯然的，我這朋友說的是所謂的「狼性文化」，根據「百度」的定義，狼性文化是一種野、殘、貪、暴的拚搏精神。

無論是學業還是事業，在開拓中不要命的拚搏精神，是謂「野」；對困難要一個個、毫不留情地把它們克服掉、消滅掉，是謂「殘」；對所追求事物永無止境地去探索，是謂「貪」；而逆境中，要粗暴地對待一個又一個難關，不能對難關仁慈，則是「暴」。

有趣的是，單看「野、殘、貪、暴」這四個概念，一般人都會毫不猶豫地說這是「負面的意涵」（negative connotation），我們很難想像有慈愛的父母看著剛出生的孩子，期許他的未來「野、殘、貪、暴」，但是當臺灣人形容中國大陸年輕人具有「狼性」，卻通常以正面的褒義詞出現，這中間顯然有觀念上矛盾的地方，也因此讓我特別感到興趣。

在往下看之前，請先做一個決定，你認為用「狼性」來形容一個人、或是一家企業，究竟是褒還是貶？

如果在我們心中，這個詞是貶義，當然無法興起我們的追求慾望，但如果你認為是褒美，那我們應該積極追求「狼性」嗎？

河馬不會想變成蝴蝶

我的法國哲學老師奧斯卡・柏尼菲時常說，人是唯一用想像超越本我的動物。因為人看到蝴蝶，會對蝴蝶的美麗、翩翩飛翔的輕盈姿態，升起羨慕之情，希望自己也能變成一隻蝴蝶，所以有了莊周夢蝶的故事。

「但河馬就不一樣了。」奧斯卡不只一次這麼說，「河馬就是河馬，並且對於自己是笨重的河馬這件事，完全沒有認同危機。」

也就是說，河馬從來不會想如果自己不是河馬的話，應該如何。所以當河馬看到一隻蝴蝶的時候，就只是看到一隻蝴蝶而已，根本不會有任何孺慕之情。

想要變成自己不是的那個人，就跟一頭想要變成蝴蝶的河馬同樣荒謬，原因很簡單，因為河馬永遠不是蝴蝶。

如果不是狼，卻要追求「狼性」，有沒有可能成立？

人類古今中外有鬥犬、鬥雞、鬥蟋蟀的各種陋習，雖然有人說這些動物是「生性好鬥」，但仔細想想，古羅馬人在競技場觀賞戰俘跟飢餓的獅子搏鬥，完全忽略背後的條件，只說獅子吃人是「天性」，未免太過單純。就像鬥犬基本上一輩子就只能上場鬥一回，因為要不是死在戰鬥中，就是受重傷變成殘廢。一生就為了跟另一頭素昧平生、無冤無仇的狗，鬥一次決定死活，這跟我們人類所熟悉的狗「天性」，應該非常不同。如果硬要說，這更像是狼的求生本能。

我們知道狗跟灰狼在基因上，有百分之九十九．九六是相同的。但並不是所有的狗都是鬥犬，所謂鬥犬也不是任何一種專屬的品系，而是狼性被環境誘發的極端例子。

我有一位選擇在臺中新社山上當有機農的臉書朋友邱俊瑋，他最近在農場發現一樁「滅門血案」。有一天他前腳才剛離開山上，不到幾個小時後，爺爺花兩三萬元買給他照料的三十多隻雞，竟然全死光了。

檢查以後，發現有幾隻是被動物咬死的，其他縮在一團，沒有傷口的，則是嚇死的。據推斷，凶手應該是附近山裡面的一群野狗。

飢餓的野狗在山林裡，被誘發了狼性，是天性。

根本沒被咬的雞，卻自己嚇死了，也是天性。

雞容易受到驚嚇是有名的，所以新聞當中偶爾會出現貓頭鷹飛到雞舍裡，結果嚇死幾百隻雞的事件，而且這些都是甘肅蘭州、四川重慶的雞，並不是臺灣的雞特別膽小，請勿對號入座。

既然是天性，不會有人特別去責怪這些雞膽小沒用，或覺得雞這樣不行，就去把每隻雞都從小培養成鬥雞，鍛鍊牠們能夠做出致命的反擊。

為什麼大多數的雞遇到危險會嚇死，但也會有鬥雞的出現呢？奧斯卡舉另外一個例子說，平時膽小的母雞在面臨老鷹要來抓小雞時，就會違背理性，用自己微弱的力量，去攻擊強壯的老鷹，這也是天性。所以對於雞來說，表現出膽小跟好鬥是不同的兩種天性，是由外在條件決定的，就像我們看見飢餓的獅子在眾目睽睽下吃人，不能因此就解釋成一種對價值的「追求」。

如果你不是狼，那是什麼？

有趣的是，從有機農場主人邱俊瑋的臉書和朋友的留言當中，我發現俊瑋跟他的朋友們，最在意的，並不是野狗發揮了基因中「野、殘、貪、暴」的狼性，而是這些野狗怎麼可以把三十幾隻雞弄死了，卻沒有吃掉。

「浪費生命」這一點，是讓這群臺灣年輕人覺得這群野狗不可原諒的真正原因。

因為大自然中，老鷹抓小雞，為了吃一隻、才抓一隻，絕對不會無緣無故弄死三十多隻，所以比較起來，老鷹是比較可以原諒的。

這一刻，我突然像被閃電擊中一樣，明白了一件事：如果說相對對岸年輕人有「狼性」，臺灣青年當然是「犬性」。

最早讀到用狼性形容中國年輕人的說法，是二〇一三年九月《今週刊》封面故事「狼性襲臺」的報導，專題中，把臺灣青年的性格形容為「羊性」，意思是「不積極、不進取」，但把臺灣年輕人比喻成羊，在概念上顯然是完全錯誤的。

要臺灣羊學習狼性，就像勉強要雞變成老鷹，是違反天性的。但基因上跟狼有百分之九十九．九六相同的狗，在特定外在環境壓力下發揮狼性，的確是可能的。

筆名「洛杉基」的網路專欄作家，曾經從臺灣人的觀點這樣區分「狼性」跟「犬性」：

狼與狗的區別，在於狼群不喜歡被環境拘束，牠們有什麼生理需求，就會自動去攻擊索取；狗則是習慣生活於被豢養的舒適環境中，口渴肚子餓或需要關心時，則不斷狂吠叫囂，直到主人答應要求為止。世界上沒有所謂的流浪狼，只有流浪狗；狼可以在惡劣環境中求生，狗一旦離開了被圈養的舒適環境，則失去自主能力、忘了教養、也顧不得起碼的尊嚴。

狗心甘情願被豢養，以交換生活上的安逸，不能說不聰明。實際上，我在針對臺灣年輕個案的哲學諮商過程當中，遇過不少案例，內心極度嚮往自由，想要掙脫父母的枷鎖，卻又無法脫離，以至於陷入對自我的認同危機，但諮商結果非常有趣，這些年輕人赫然發現，追求自由是一種心理需求，但在現實生活中，他們並不想當辛苦的野生動物，更願意當一隻在野生動物園裡的動物，在有限度的範圍內保持天性、享受自由，如果沒有現實需要，並不願過你死我活的拚搏生活——因為那是狼才會想做的事。

奇妙的是，一旦認清了自己的犬性，這幾個年輕人跟自己、跟父母的緊張關係，都逐漸能夠和好了。就像海洋館中的鯊魚，不需要像在海洋中自主捕食的客觀條件下，就能跟其他小魚相安無事和平共存，與其說這是「違背天性」，當然也可以用「遵循天性」來解釋。

我們只能做自己

請不要覺得被稱為狗是一種侮辱，就像被稱作狼不等於是一種讚美。自然界的規律，就是讓老鷹當老鷹，雞當雞，河馬當河馬，蝴蝶當蝴蝶，而狼當狼，狗當狗。應該沒有人會反對這樣的說法。

這不是什麼玄妙的理論。其實，說來說去，就只有三個字：「做自己」。「做自己」說來簡單，但之所以會有鬥犬、鬥雞、鬥蟋蟀，正是不讓牠們做自己的結果。一味鼓動犬性的人去追求狼性，跟要求河馬變蝴蝶同樣荒謬。

人與狗在科學上本來就沒有那麼大的不同。在一萬九千三百個狗基因當中，至少有一萬八千四百七十三個與已識別的人類基因相同，這代表人類跟狗有將近百分之九十六的基因相同，所以無論一個人發揮的是狼性還是犬性，都是百分之九十六理所當然的事。

所以，**你到底是狗、還是狼？**

你最愛的「看情況」、「都有可能」，並不是一個科學上、或是哲學思考上可以接受的答案。

當一匹狼發揮了犬性，整天接受豢養，頭頂的毛偶爾還會被染成粉紅色綁上蝴蝶結，你會不會喜歡這樣的自己？

當一隻狗發揮了狼性，弄死農場三十幾隻無辜的雞，一口也不吃就揚長而去的時候，你會不會喜歡這樣的自己？

這無關褒貶，也無關社會觀感。當河馬看到一隻蝴蝶的時候，就只是看到一隻蝴蝶，根本不會有任何羨慕之情。當一隻狗看到一匹狼的時候，也應該僅止於看到一匹狼而已。

想清楚了本質以後，選一個答案——能夠「做自己」的那個答案。

人生這條路，別的不說，能夠「做自己」，肯定自在不少，如果任意「浪費生命」，成為只為展現狼性，發狠把雞弄死了卻不吃的野狗，或是海洋館裡咬死整群黃金鯵後丟棄的鯊魚，那就真的是不可原諒了。

12 找到「非做不可，不做會死」的那件事！

我想要邀請你為自己檢查一下，你設想的求職之路，是不是像這位署名「森林系女孩」的年輕人有著同樣的邏輯……

阿北，我對新創企業（start-up）有興趣，想要去大陸的新創企業應徵做營銷（Marketing），可是我發現當地的團隊根本不會用一個不了解當地市場的臺灣人，但最近聽說他們缺大量寫程式的前端工程師，所以三個月前開始學 HTML、CSS、Javascript 程式語言，如果我當上了工程師，進門之後再轉營銷，應該就會比較容易。我這樣想對嗎？

當心！表面上有道理的說法，時常只是「合理化」的包裝

在討論這個表面上很有道理的問題前，我先說一個觀察，你是個總是習慣把事情合理化（self-justification）的人吧？

為什麼我會這樣判斷呢？因為你說為了想去大陸新創公司做營銷，所以突然從零開始去學寫程式，打算學好了以後進入你想要進的公司當工程師，然後說不定就會有機會可以轉營銷部門，你真的覺得這麼做合理嗎？

你覺得很合理，是因為你已經投遍中國的營銷運營內容崗位的履歷，完全沒有回應。所以才想學寫程式，聽說中國工程師供不應求，可以先到中國找到工程師工作，先去了再說，慢慢轉到想要做的營銷內容崗位。

但是為了想要當工程師，你願意花多少時間學寫程式？三個月？六個月？你真的喜歡寫程式嗎？還是不討厭就可以學了？還有，學三個月就可以做的工作，你真的會喜歡嗎？

或許你會說：「我不討厭寫程式啊……」但是不討厭，真的就足夠了嗎？

讓我提醒你，中學時候，你也不討厭背元素週期表，但花了幾個月的時間背完、考試之後，這輩子卻一次再也不會用到，但那幾個月的時間卻一去不回了。真的沒關係嗎？

那我再問你，為了想要轉營銷部門，願意花多少年當工程師？三年？五年？更重要的是，無論願意花多少時間走這迂迴的道路，你真的知道自己適合做營銷的工作嗎？多年後某一天這個機會終於到來，萬一在成功轉職到營銷部門短短一個禮拜之內，發現自己根本就不適合、也不喜歡做營銷的工作，那這一切的意義是什麼？

你確定自己有那麼想到大陸做營銷嗎？若明天就有一個面試機會在中國，你願意義無反顧立刻買機票飛過去嗎？如果一次不成、兩次不成，你願意這樣一直飛多少次，從北京跑到重慶、青島到深圳，你願意借錢貸款買機票去面試嗎？你能忍受被那邊工作拒絕多少次？十次？二十次？應該沒有那麼想吧？

就算你得到一份中國的營銷工作，從來沒做過營銷的你，真的可以馬上上手嗎？可能需要一段時間才能適應，了解中國市場的屬性，因為沒有人是不用學習就會的。

如果你是個資金人手都吃緊的新創公司老闆，會想雇用一個了解中國市場，能馬上進入情況的人？還是一個需要經過培訓並且慢慢適應工作的員工呢？若需要工程師，是想要一個本身就有寫程式的經驗的人，還是學了三個月就來應徵工作的人呢？

你已經習慣把事情過度合理化了

「這樣說的話，我就不知道如何能去中國做營銷工作了。」你說。

就在最黑暗的時候，一線曙光出現了：如果不是大陸的新創公司，按照你對自己條件的客觀了解，在臺灣的新創公司，你能找得到營銷方面的工作嗎？

「很容易。」你很有自信的說。

那就簡單了。先在臺灣的新創公司做臺灣市場的營銷，新創公司的中長期目標一定是往外打中國市場，那時你派到中國做營銷會不會更有優勢呢？因為你同時了解臺灣跟中國市場。那你根本就不需要學寫程式了！

如果有一個大學生，為了想當化學家教賺錢，所以開始重新從週期表學起，花大把時間學完化學之後再去找化學家教工作，對於這樣的人，我們會怎麼形容他？

應該會說這個人腦袋有問題。你現在就在做這樣的事，但是你沒看出來，因為你已經習慣把事情過度合理化了。

這個問題根本是「假」的。在自己黑暗的想法中找到真正的問題，才有可能看到曙光。

那個讓自己喜歡的人，是什麼樣子？

接下來，讓我們探索你「為什麼」會把不合理的事情輕易合理化的原因。究竟是什麼，讓你願意把自己放在毫無競爭優勢、可有可無的目標上，卻不能直接面對真正想要做、非做不可的事？

「因為我找不到方向，什麼是非做不可的事情？」你說，「我對於現在的自己並不滿意，希望自己能達到一個標準，才會對自己的狀態滿意。」

若沒有那「非做不可」的事情，那麼，像學寫程式當工程師再去轉營銷，這種可做可不做的事情，只要這三個月內出現另一個機會，讓你有機會學當會計、學當人資，也可以轉營銷，你就會放棄學寫程式，去學會計、學人資。那你做什麼都不持久，因為那跟營銷都沒有關係，更何況營銷也不是你非做不可的事。

如果你不喜歡自己，只是「做點什麼」去逃避面對不快樂的真正原因，無論怎麼改變，你依然不會喜歡自己的。

告訴我，你真正想做的事情，到底是什麼？

「其實我過去真正想做的事情，是到葡萄牙念語言學校，到巴西工作！但因為想負擔家裡經濟，陪伴媽媽和弟弟，而且媽媽希望我有一份穩定的工作收入，所以我就放棄這份夢想了。」

請問你如何負擔家裡經濟？一個月都給家裡多少錢？如果你根本吃住在家裡，每個月只給媽媽幾千元的話，老實說連付房租跟伙食費都不夠，你媽媽有覺得你在負擔家計嗎？還是她根本覺得在養你？

所以你不如直接就出國，飛去中國、飛去巴西。為了去巴西而先去葡萄牙學葡萄牙語，這是你一貫的「合理化」迂迴戰術，你發現了嗎？

你點點頭後說：「但是我媽媽也希望我找一份穩定的工作，不然她都不知道我到底在做什麼事情！而且待在臺灣才會陪伴到媽媽。」

如果不管你在哪裡、做什麼工作，每個月都固定給媽媽兩萬元，你覺得她會在意你的工作內容是什麼，甚至是穩定與否嗎？應該不會吧！所以你的媽媽需要的其實是穩定的經濟「安全感」，跟你的工作內容根本沒有關係。

再說，你媽媽真的需要你的陪伴嗎？請問你現在每天花了多少時間陪伴她？

「其實我都整天不在家，陪媽媽的時間真的不多，媽媽常常很無聊，只能在家看電視。」你說。

「無聊」這是你媽媽自己要解決的課題，她如果對世界沒有好奇，對新事物沒有興趣的話，就只能坐在電視前面，等著被娛樂，這是你媽媽的人生應該學習的功課，不是你的責任。

「那這樣我就直接飛去巴西了嗎？」你笑了。

其實去巴西，根本也是你可做可不做的事情之一，除非你有非去不可的理由。

真正讓你不快樂的原因，只是因為你不想待在家裡，不想待在臺灣；只要出國工作，去哪裡都好，那個「哪裡」根本不是重點，對你來說新加坡可以、葡萄牙也可以、中國也行、巴西也可以，不是嗎？

所以你「非做不可」的那件事情是什麼？找到這個問題的答案，你就已經開始走在成為自己喜歡的人路上。

學會思考，就是愛自己

人往往因為對自我的保護，而對自己產生過高的評價（覺得自己比別人有能力、外表比別人好看），或是過高的自尊（self-esteem），為了維護這樣的自我評價，可能就會需要過度合理化自己所知道的一切，因此產生認知失調（cognitive dissonance），比如會藉由增加「新認知」來辯護自己的行為（例如將之前失敗都視為意外、認為自己失敗率低於平均水平）、曲解認知，或想出迂迴但是根本不合理的「兩全其美」解決方法（像森林系女孩的營銷策略）。

為了保護自己，有些人則會模糊焦點，藉由肯定自己在其他領域的能力，以減低失調的影響。不論方法為何，只要能減輕失調即可。當一個人已經將合理化變成習慣以後，再怎麼不合理的事情，都會覺得合理，因此阻礙了思考。

這是為什麼，當我在哲學諮商時，發現被諮商者的問題，是一個被合理化包裝過的「假問題」時，會引導她去找到「非做不可，不做會死」的那件事，並且強調那些可做可不做的事情，其實根本不需要做。

找到自己真正想要的

哲學諮商結束以後，我請森林系女孩寫下她的心得：

1. 過去認為自己不能去做想做的事情，其實都是自己想太多、給自己的阻礙。
2. 找到自己非做不可的事，才是最重要的。
3. 面對自己真正不快樂的原因，並且學會先喜歡自己。
4. 聯想到《被討厭的勇氣》中提到，要把父母的課題和自己的課題分離，而不是把父母的課題當作自己的責任。
5. 學習哲學諮商，經由這樣的思辯練習，過程中更認識自己，學習到誠實地面對自己才能看到問題的本質，承認自己是一個想很多卻不會思考的人，但在學會思考同時也要先學會喜歡自己！

在這次諮商的一個月之後，當我再次跟森林系女孩聯繫時，她說現在已經在臺北一〇一大樓裡當上班族，雇主是一家在紐約證券交易所上市的北京公司在臺灣的分公司，她如願做內容運營的工作，算是圓了營銷夢，聽起來相當的開心。

「經過那次的談話，真的讓我找出自己的盲點，而且因為有現在這家公司的經驗，未來非常有機會到中國發展了。」

我聽了也覺得開心極了。現實人生不用完美，但是只要有一件「非做不可」的事情，就可以帶著我們走向成為自己喜歡的那個人。

不到幾天之後，我又收到森林系女孩的近況更新，說真是天上掉下來機會，年後就會調到北京工作，覺得還好有這次諮商，停止學習寫程式，在臺灣找運營相關的工作，結果不可思議的幸運就不斷降臨，甚至覺得不是真的。

「比起當時的我，現在開心多了，雖然在強者雲集的公司認知到自己極度不足，但是我知道自己往成長的道路上前進，不再迷茫。」她說。

實際上，這段諮商經過了將近十年，森林系女孩在中國換了很多工作，但是都在新創科技產業，也都很開心。如今她已經準備離開中國，啟程到歐洲，開始生命中新的篇章。這一次，她的心理已經有清晰的答案了。

衷心祝福每一個想要走出森林，看見大海的森林系女孩。

13

找答案不如找路
——不想當「失敗者」的人，真正想要什麼？

我曾經收到一封尋求哲學諮商幫助的來信。他自己在身上貼了「失敗者」的標籤，他的信中是這麼說的：

我煩惱的問題是這樣的：沒有夢想和目標的人生，覺得很不知所措。我是一個國立大學的畢業生，在面對未來的人生路上很徬徨。首先，我從小到大都沒有所謂的夢想，沒有目標，不知道自己想要做什麼。從小學到大學，大人教我的只有好好念書，甚至在選擇科系的時候，我也不知道自己真正想要什麼。每當人家（特別是長輩）問我想要做什麼的時候，坦白說我真的腦中一片空白，大學四年學的東西我都覺得很空虛，也不想要繼續從事那方面的相關工作，如今即將要踏入職場，我發現我不知道要選擇什麼工作。最近看了很多職涯方面的文章，我唯一能確定的是，短期內應該不會選擇繼續念研究所，大學教授也告訴我說，如果對未來的方向不是很明確的話，那就不要念。

是的，我選擇不繼續與大多數人（特別是學校同學）拚學歷以及國家考試，因為我對這兩者的興趣都不大（甚至有點厭惡），不過我目前真的不知道該如何是好，有時候跟學經歷很豐富的人在聊天時，都會覺得自己很自卑，什麼都不會，也沒有任何一技之長，完完全全的魯蛇一枚。由於家境的關係，從小到大也沒學過什麼，打工的經歷也都是很簡單的工作，覺得自己沒什麼競爭力，這樣推算下去，未來大概也娶不到老婆了。謝謝，希望可以有希望之窗出現！

魯蛇

你認為「失敗者」是什麼？

收到哲學諮商問題的時候，我的習慣是搜尋問題中有沒有什麼不尋常的地方。因為對於大學剛畢業的年輕人來說，對學業、工作覺得茫然是很常見的，但他把自己的茫然，跟缺乏一技之長的焦慮，形容成「完完全全的魯蛇」，是相當強烈的用語，而且也在署名自稱為「魯蛇」（loser）。

老實說，我的第一個反應是為他覺得難過。於是我決定問他，究竟他心目當中的「失敗者」是什麼？或許在他心目中並不如我想像中那麼強烈和負面，所以我要先做「確認」的工作，確保我們在使用同樣名詞時，理解到的意思是相同的。

確認，在哲學諮商當中相當重要，舉例來說，當美國人使用「not bad at all」這個簡單說法時，並非「沒有很不好」，而是「非常好」的意思，所以有時候大家常用的簡單說法，其實在不同的人嘴中，說不定有著完全不同的定義和強度，需要特別仔細區分。

魯蛇告訴我，他認為的「失敗者」有以下五個要件：

1. 沒有專長技能；
2. 對自我生涯沒有抱負與熱情；
3. 沒有足夠的社會支持（例如家人朋友，異性朋友）；
4. 缺乏自信；
5. 沒有財富資源。

「你有沒有發現一件事？就是你對於失敗者的五個條件，都是以『否定』，比如『沒有』、『缺乏』這種字眼來表現的？」我立刻提出來。

我會這麼說，並不是因為我勵志、光明，喜歡使用「正面」的字眼，而是「否定」太不精確，在邏輯上不能做為描述的定義，比如說，我們不能用「沒有腳」來定義蛇，因為魚也沒有腳，但用正面來陳述特徵，比如用「利用腹鱗及肌肉的縮放來產生移動力」來定義蛇，就好得多。

把蛇形容成「先天缺腳的龍」，難道不是很奇怪的定義嗎？是不是把龍的腳砍斷，龍就會變成蛇呢？沒有腳的龍，就會具有「利用腹鱗及肌肉的縮放來產生移動力」的能力嗎？蛇先天並沒有缺陷，應該比失去腳的龍厲害吧？卻被說成好像是缺腳的，這會產生不恰當的暗示作用。

「所以可不可以重新試一次，不要用『沒有』、『缺乏』的否定字眼，來定義魯蛇的要件呢？」

你真的是「魯蛇」嗎？

魯蛇說，因為他大學時有學過關於優勢觀點以及一些認知心理學的課程，他其實已經猜到我會這樣說。

「我一打出這五個要素，自己就發現了。可是『魯蛇』一詞的英文是loser，相較於『溫拿』（成功者 winner），loser 在英文字面上確實是指『失去』某些東西的人，也就是『沒有』某些東西的人會稱做失敗者。因此在概念上，成功者和失敗者呈現二元對立。所以我疑惑的地方在於，該如何運用一個『中性』或是『正面』的詞語，來描述一個本質上就是『負面』的東西？這我還真的想不到……」

可以看得出來，魯蛇是個聰明的人，也是一個時常動腦的人。

「其實所謂正面的回答，不見得是光明、正向的，比如說『想死』、『羨慕輕易交到漂亮女友的人』、『嫉妒有專業技能的人』、『討厭自信滿滿的人』，這些都是正面的陳述方式喔。」我這樣說明。

這時候，魯蛇顯露出他是一個性急的人，因為他很禮貌地提醒我：

「我真正想要問的核心問題是，關於沒有一個有目標的人生讓我覺得很徬徨，不知道該如何解決『不知道自己要做什麼』的這種無力感，我擔心我們的討論失焦。」

一個顯然聰明而且受到良好教育的年輕人，為什麼會自認為沒有專長、對生涯沒有抱負與熱情、沒有足夠的社會支持、缺乏自信、沒有財富資源，把自己定義成完完全全的失敗者？我知道很多人遠遠不及他聰明，也沒有念過優勢觀點或認知心理學，卻自我感覺相當良好，也沒有認為自己是失敗者。

從客觀的角度來看，他是真正的失敗者嗎？我認為並不是。

我的「假設」（presupposition）是，他太性急，所以覺得自己專長不夠，熱情抱負不夠，社會支持不夠，自信不夠，財富資源不夠，所以眼前自身擁有的，都不夠好，這樣的自己不夠好，所以把自己冠上了失敗者的名號。

當然，這只是我的假設，我需要進一步去驗證真偽。

誰是「成功者」？

魯蛇說，失敗者跟成功者是「二元對立」的，我因此把他說的五項條件反過來，看看符合這些條件的人，是不是就是他心目中的成功者：

1. 有專長技能；
2. 對自我生涯有抱負與熱情；

3. 有足夠的社會支持（例如家人朋友，異性朋友）；

4. 充滿自信；

5. 有財富資源。

「如果你擁有這五項條件，在這個月結束以前，你會想要做什麼？」我問他。

「如果我擁有這些條件的話，在這個月結束前，我大概會繼續埋首於我的專業技能當中，持續朝遙遠的未來目標前進。每天早上醒來就是動力滿滿，完成手上的工作之餘，還能充實自己，享受人存在於這個世界上的美好，這大概是我的回答。」

「你喜歡你的答案嗎？」我接著問。

「怎麼感覺起來有點空泛……」魯蛇說。

「你有沒有想過，為什麼明明符合『成功者』條件的人生，聽起來卻『有點空泛』呢？」

「因為我從來沒當過成功者，所以只能假設這種情況，感覺上很空泛，或許真正的溫拿每一天都過得很充實、很有目標，只是我沒有體驗過，所以無法理解。也就是說，我跟溫拿是生活在兩個不同世界的人，因此只能猜想，事實上我根本一無所知。」

為了讓成功者的概念更「具體化」，我請魯蛇想一想，無論認識或是不認識的人，舉出幾個名字，是屬於那種「每天埋首於專業技能當中，持續朝遙遠的未來目標前進。每一天都過得很充實、很有目標，早上醒來就是動力滿滿，完成手上的工作之餘，還能充實自己，享受存在於這個世界上的美好」的人呢？

魯蛇給了我三個他心目中「成功者」的具體例子：

成功者一號：算是比較世俗的，他本業是一個專案經理人，跨行當作家以及講師，在網路上分享很多具有實用性的觀念和方法。據我所知，他對自己的生涯有長遠的目標，長期會舉辦一些課程做教學工作。工作讓他很忙，但是又能在生活上取得平衡。

成功者二號：一個鑽研佛法的學長，自從他開始接觸宗教之後，大部分的時間都花在這塊。因為佛法持修，基本上有很多功課需要完成，所以雖然忙，但卻能從這項工作中體會人存在的意義。

成功者三號：達賴喇嘛。

從回答的模式，看出你真正在意的事情

於是我請魯蛇試著想，既然每個理性的人，行動背後都有他們想要的東西，無論是失敗者或是成功者都不例外。從這三個「成功者」的行動背後，可以看出各自想要得到的是什麼？

我請魯蛇為這三個「成功者」想得到的東西各給我一個「詞彙」，但是他給了我三個很長的答案：

1. 跨界經理人：實現腦海中的想法，他想把他認為有價值的概念傳達出

去，因此著作立書，甚至開課。

2. 學佛學長：讓自己以及社會變得更好（根據這個學長的說法，他說他腦中從小一直有聲音告訴他要傳遞佛法，並且去解決人世間的苦難，他甚至還說他學佛是因為輪迴的緣故）。

3. 宗教領袖：類似前者，宣揚佛法中所強調的價值，並且解決人世間的苦難。

「你有注意到我請你說的是一個『詞彙』，但是你卻說得很多嗎？」我注意到他故意違反了遊戲規則。

「有的，我因為不知道，所以反而說得很多。」

「你覺得這是自己的習慣，還是人之常情？」我接著問第二個問題。

「我覺得可能是我的習慣，下意識的反射動作。」

「當你這麼做的時候，你想得到什麼呢？」這是我的第三個問題。

「我猜是想得到他人認同，讓別人知道我是聰明的。」

聽到這裡，我可以確定，他說自己是失敗者，沒有人生目標，並不是真的。其實他當然有人生目標，他的人生目標就是變成符合自己心目中定義的「成功者」。

這麼說，並不武斷，因為他自己也說過，失敗者和成功者是「二元對立」的，既然他「不喜歡失敗者的人生」，邏輯上就表示他「喜歡成功者的人生」，然而喜歡成功者的什麼呢？他說失敗者的英文「loser」代表失去一些什麼的人，所以他「失去」的，不會是「本來就沒有」的專業技能或財富，而是「得到」別人認同，讓別人認為他是聰明的。

這種追求跟挫折感，在知識分子身上特別常見。因為非知識分子心目中的成功，是可以幫助他們追求財富的技能，但即使擁有了這些，也無法幫助一個知識分子脫離自覺像個「失敗者」的困境，因為知識分子心目中的成功，是得到認同，被人認為聰明過人。

魯蛇舉的這三個「成功者」的例子，也都印證了這點，根據魯蛇的描述，跨界經理人忙著開課出書（而不是安靜地與身邊最愛的家人一起享受努力的成果），學佛者忙著傳遞佛法（而不是如原始佛教安靜追求自身修行的精進），宗教領袖也在忙著普渡眾生，都是在「追求他人認同」、「希望別人覺得自己聰明」的層次。

跳脫失敗、成功的競爭性思考

既然喜歡成為成功者，為什麼他不去追求呢？

我做出了以下推論：魯蛇原本以為自己人生沒有目標，其實他當然有目標，那目標就是變成「成功者」。只是變成「成功者」這個目標，實在有點爛，因為他心目中成功的三個「成功者」，都是需要別人認同來肯定自己的人，忙著做更多，來增加別人更多對自己的認同，所以就算實現，也會覺得空虛，並不會得到真正的滿足。

也因為如此，所以魯蛇才會在一開始的時候就說，他對身邊的人「拚學歷」以及「國家考試」這兩者的興趣都不大，甚至有點厭惡，因為他很清楚，通過這兩個「追求他人認同」的手段，讓別人知道自己聰明，就能理所當然獲得「成功者」的身分，但這不是他想要的。

晉身「成功者」還不夠，因為成功者跟失敗者，都只是表面的成功或失敗，他想要的更多。

「你有沒有發現，當我們說到『爭取別人認同』的時候，雖然是正面陳述，可是你把這件事情看得很負面？」我問魯蛇。

「的確，我把取得他人認同這種事情當作是負面的，我想是因為受到大環境的影響，所以把它當作是不好的事情。」

「真的是這樣嗎？」我眉毛不自覺挑了一下，「如果我們問路人甲，『取得別人的認同』、『提高存在感』是正面的還是負面的，你覺得大多數人會怎麼說？」

其實他不用回答，我們都知道答案。

每個人心中對於人生勝負是沒有相同標準的，而「想得到他人認同，讓別人知道我是聰明的」這件事，是魯蛇心目當中區隔「成功」和「失敗」的那一條界線。一個「得到他人認同、別人認為聰明的人」就是winner，而沒有得到這種認同的，就成了loser。

然而，魯蛇想要的比「成功」更多，比自我實現的跨界經理人更多，比能夠解決問題的學佛學長更多，甚至比普渡眾生的宗教領袖更多。

造成他沒有一個值得追求的目標，不知道自己要做什麼，甚至以魯蛇自稱，這個問題真正的核心，不是因為他失去什麼，也不是因為有任何真正的失敗，而是因為即使像眾人心目中的「成功者」一樣成功，也太過空虛、不值得追求。這種徬徨無力的症頭，叫做「貪婪（greed）」。

魯蛇貪婪的線索，從一開始就呼之欲出，比如他在提問中說「看了很多職涯方面的文章」這一點，就很值得捫心自問：「為什麼我要看很多職涯方面的文章？」

從小，我們總是聽到大人說讀書最大的好處，是「學習別人的經驗」，但從來沒有想到，想要快速取得別人的寶貴經驗為自己所用，站在巨人肩膀上快速獲得有高度的視角，而不是自己一步一步去試錯、去取得高度，當然就是

「貪婪」，貪婪有可能像阻塞心血管的脂肪，變成了思考的瓶頸。

有一天，我讀到蘇格拉底的一段話：「真正的智慧是來自內心，而不是得自別人的傳授。」才突然發現，原來當我們面對難解的問題時，其實就是在渴望尋找自己內在真實的聲音。

我們真正需要的，不見得是別人的經驗談，或放諸四海皆準的「正確答案」，而是究竟有沒有能力透過問題得知自己的思考路徑。就像迷路的時候，如果有好心人幫我們指出目的地的位置，固然可以很快讓我們到達想要去的地方，卻沒有辦法幫助我們下次不會迷路。但若能夠清楚地看到：「原來我就是這樣走，才會迷路的啊！」那該有多麼暢快！

因為想變成這樣的人，我選擇到法國巴黎去跟隨哲學家奧斯卡・柏尼菲上哲學諮商課，開始學習該怎麼用「好的問題」來回答自己的問題。最近在閱讀席薇雅・恩格爾（Silvia Maria Engl）這本和心理學有關的書《遇見26個自己》時，也看到了跟哲學思考異曲同工之處，原來我們都選擇「找路」，而不是「找答案」。

在「找路」的過程當中，我也漸漸看懂自己的問題背後所代表的意義。我們認為「學習別人的經驗」可以避免犯不必要犯的錯誤，少走冤枉路，但其實說穿了是想要不勞而獲，同時不願意為自己的決定負責。

「渴望被愛」的人總是說：「別人給我的愛，我會加倍愛回去」，聽起來慷慨，其實極端吝嗇，因為有條件的愛，充其量只是以「愛」作為貨幣的貪心生意人罷了，否則為何不選擇先愛人呢？「完美主義」者並不代表因此得到完美，而是註定要生活在失望之中，認為自己是「受害者」多麼簡單，這樣就不用為自己的不幸負責了。「委曲自己」聽起來多麼冠冕堂皇，但是這只是渴望被別人喜歡的小技倆。「逞強好勝」的人需要靠別人的肯定來確定自己，這樣的人根本不喜歡自己。

當我慢慢學習用哲學思考的問答方式，幫助自己走出迷宮的同時，我也看到了自己為什麼會迷路的路徑，這比找到答案更讓人開心千百倍。

看見自己的能力，開始你的「找路」之旅

我知道魯蛇不喜歡我的推論，因為我在他的身上貼了讓他覺得不舒服的標籤，但我知道這樣的衝突是無可避免的，我必須誠實地說出推論。最後我請魯蛇給我一些反饋：

1. 你喜歡我們的這節哲學諮商嗎？
2. 在這次哲學諮商當中，有沒有什麼讓你覺得驚訝的地方？
3. 對於這次哲學諮商，有沒有什麼不喜歡的地方？
4. 未來如果還有機會，你會希望多著重什麼面向？

他的回答是：

1. 我喜歡哲學諮商。因為這種諮商方式有別於以往傳統我們認知的心理

諮商，這是一條新的途徑，可以幫助不同人解決特定的問題，或者可以結合心理諮商成為一種新的處遇模式也說不定。在此很感謝您以及您創設的哲學諮商室，有這個管道的存在，我才有辦法問到身邊朋友無法回答的問題。其實我內心也有點不好意思，因為這種一來一往的討論必須耗費您一天當中的部分時間，而且又是無償的，所以我很高興可以透過這種方式跟大師討論這些問題。姑且不論問題有沒有得到解答，但我相信這是一個不同的反思方法，而且是我以前不知道的。

2. 驚訝的地方，這部分就沒有很強烈，除了可以指出一些問題的癥結點之外，可能是我心理有所準備，所以真正覺得驚訝的部分倒還好。

3. 有沒有不喜歡的地方？不會，我覺得這種方式很好，當然如果未來有一對一面談的話更棒。

4. 其他面向這個部分，我覺得可以無所不包，像我目前就還有另外一個問題——「為什麼我交不到女朋友」——這類關於兩性相關的面向或許可以包含在其中？哈哈哈哈！

最後，我謝謝他的「認真思考」跟「勇敢面對」，我相信他有很強的心臟，所以才能夠承受這場無法產生愉悅感受的哲學諮商，這是一個可能他自己也沒有看到的優點，也希望他能夠不再自稱為魯蛇，脫離人生只有成功或是失敗、不是溫拿就是魯蛇的兩極化競爭性思考，專注在「找路」這件事上。

因為無論是透過哲學還是心理學，如果能夠找到一個有效的方法，打開了一扇注視自己思維路徑的窗子，就再也不怕迷路，因為我知道只要我專注觀察自己，總會發現來時路，永遠能夠回到原點。

因為一個知道怎麼問自己「對的問題」的人，比從來沒有問題、或無論問什麼都有「正確答案」的人更有智慧。

找路比找答案更好，而一個不怕迷路的人生，比不會迷路的人生更好。

14 追求快樂有什麼不對？

——思考過後，再為自己的人生提案

我相信，如果每一個人都知道如何用邏輯思考，梳理清楚自己的雙重標準，就能夠幫助自己作出決定。最近在一場叫做「為自己的人生提案」的哲學思考工作坊中，我請來參加的人說說，在他們心目中，什麼樣的人生才是值得追求的？

有人說是「自助助人」，有人要尋求「快樂」，有人希望人生是一場「冒險」，有人要的是「健康」。這些聽起來都很有道理，也是許多人追求的人生，但真的是這樣嗎？

不可能百分之百健康的時候，你願意接受嗎？

首先，我請在場的人一起看著這些看起來很不錯的人生目標，找出生而為人很可能追求不到的。

第一個被挑出來的，是「健康」。

人生追求健康有什麼不切實際的呢？因為「只要是人，根本沒有完全健康的啊！」有人說。

「亞健康」夠不夠好？亞健康是一個相對來說比較新的醫學概念，一九七〇年代末期，醫學界依據疾病譜的改變，將過去單純的生物醫學模式發展為「生物、心理、社會」綜合考量的醫學模式，當時世界衛生組織（WHO）定義「健康」就是「不僅僅是沒有疾病和身體虛弱，而是身體、心理和社會適應的完滿狀態」。但這樣的人，幾乎不存在。

社會上占最大多數的是亞健康的人——既不是真正健康（第一狀態），也沒有患病（第二狀態），身體有種種不適，但真的上醫院檢查的話，其實也不會發現有什麼病變。這種在健康和患病之間的過渡狀態，被世界衛生組織稱為「第三狀態」，也就是亞健康狀態。

一個終身坐在輪椅上、無病無痛、帶著微笑在街頭靠販賣維生的街賣者，算不算是一個健康的人？一個人是否健康，究竟是由自己的感受來決定，還是由旁人決定呢？

我身邊有一個朋友，被醫生宣布癌細胞已經擴散到胃部的百分之七十，但是他拒絕進醫院進行化療或手術，他說想要有尊嚴地待在家裡，跟癌細胞共處，度過生命最後或長或短的時間。醫生跟身邊的親友不以為然地說，「你怎麼可以放棄？」他只是帶著微笑，堅定地回答：「對很有可能會立刻殺死我、也必然奪走我生活自主能力的治療方法說不，就是放棄嗎？」

討論慢慢聚焦，我們看到了，與其盲目追求「健康」的人生，整天在養生、吃補品、勉強自己運動、嚴格控制飲食、吃難吃的健康食品，並不一定會帶來健康。但是每個人都可以面對自己處於亞健康的狀態。真正值得追求的，其實是活在世界上的時候，擁有「生命自主」的權利。

所謂的為別人好，很可能是把自己的價值觀強加在對方身上

我們用同樣的方法，慢慢梳理出更多脈絡，比如想要「自助助人」的人，與其隨意地「助人」，不如先學習透過邏輯思考來幫助自己。畢竟就像我常常提醒身為父母的，「通往地獄的道路，往往是善意的石頭鋪成的」。我們所謂的助人，其實大多時候都是想要將我們自己認同的價值觀，強加在別人身上。

例如，你並不知道今天會不會下雨，卻隨意用「我是為你好」的理由，強迫孩子在大晴天帶傘、帶外套出門，這算是助人嗎？街友向你要一百元儲值手機，讓他可以接到雇主的電話順利工作，你會不會幫這個忙？但如果他是要一百元買啤酒喝呢？誰說我們可以決定另一個成年人有沒有資格喝酒？我們會把自己偶爾想喝瓶冰涼的啤酒這件事，貼上不道德的標籤嗎？如果不會的話，為什麼我們卻認為街友這麼做是不值得幫助的？會不會是我們僵固的價值觀，逼迫別人不得不向我們說謊？

如果知道如何用邏輯思考，梳理清楚自己的雙重標準，就能夠幫助自己成為一個內外一致的人，而不會以為「貪婪」是壞事，「上進」是好事，卻不知道兩者的本質根本是一樣的，不過是用「正面表述」或是「負面表述」的文字遊戲而已。

我在緬甸進行賑災工作時，也遇到過堅持物資只能「供僧」、卻不給災民的佛教團體，理由是佛經當中告訴他們，供僧的功德是一般功德的九倍，也就是累積點數大放送的概念。這究竟是助人，還是自助？這是善心，還是貪婪？

釐清盲點之後，再想想自己要追求怎樣的人生

學會用邏輯想清楚現實的困境，就可以幫助自己一一做出決定，究竟我們想要誠實，還是要有禮貌？有禮貌的本質其實就是「說謊」，誠實跟有禮貌是不可能同時並存的。自己想清楚之後，就不會一下子要求孩子要誠實，但是看到很胖、很醜、地位很高的人，卻要有禮貌。邏輯一致，就是對自己、對別人

的最大幫助。

如果會思考，也就會發現，與其追求「冒險」的人生，還不如追求「勇敢」。而真正的勇敢，就是會思考，並且對自己誠實。

用誠實思考的結果，連結誠實的行動，是勇敢的。

保持彈性的思考，而不去捍衛自己的觀點、社會價值觀、宗教信念，是勇敢的。

即使思考後決定不行動，也是一種勇敢的行動。

會思考，就不會盲目的追求「快樂」，因為快樂並不存在，快樂只是一種「自我感覺良好」，說好聽一些就是「知足」，是兩段漫長的痛苦之間稍縱即逝的短暫狀態。快樂不可觸及，無可預期，稍縱即逝，想要永遠快樂的人，是全宇宙最貪心的人。因為任何的不如意，都可能讓我們變得不快樂，所以還不如保持「自我覺察」的能力，能夠用中性的角度看到每一個當下、每一個概念背後並存的優點和缺點，並且用中性的態度來面對，像是知道貪婪也有很多好處，上進也有很多壞處。

如果我告訴你世間有一種東西，可以幫助我們成長，可以讓我們修正，可以教會我們珍惜，你想不想要？那個好東西，叫做「禍」。我們努力逃避的「禍」當然有很多好處，而我們刻意追求的「福」，其實也有很多意想不到的壞處。

與其執著於找到「天命」，不如找到生命中我們願意為它受苦的「熱情」。為了自己的人生，你會如何提案呢？

跨出第三步

培養自己的方法（技術篇）

15 我是沉溺在物質享受中嗎？
——如何用哲學諮商對自己近身觀察

我叫 Eva，今年16歲，我有些疑惑想問，我想知道為什麼有些有錢人，並沒有沉溺在物質享受呢？

當我看到這個問題的時候，首先要判斷這個問題的屬性。我問自己：「這是不是一個有標準答案的問題？」

通常，一個有標準答案的問題，就表示這是「知識領域」的問題。例如「英國的首都是不是在倫敦」，這是屬於「知道就知道、不知道就不知道」的知識，有正確答案，因此答案不是對就是錯。

另一種是沒有標準答案的問題，通常問題當中會出現「為什麼」這三個字，是因為想知道原因，可以對著問題思考，所以是「思考領域」的問題。Eva 提出來的問題，是屬於「思考問題」，接下來我有兩個立即的選擇。

選擇之一，是用我的觀點來回答她。但是我必須讓 Eva 知道，我的答案只是我個人主觀的觀點，而不是正確答案，因為思考問題不會有標準答案。

選擇之二，是我用哲學諮商的方法來引導她，讓 Eva 試著自己回答自己的問題。這麼做比較麻煩，是屬於「教 Eva 釣魚」而不是「給 Eva 魚吃」。

「我的法國哲學老師奧斯卡．伯尼菲會選哪一個呢？」我問自己。

奧斯卡時常提醒我們，作為一個大人、家長、教育者，常常為了表示自己盡責，或是符合社會的期待，一聽到問題就想要立刻回答，一遇到問題就想要立刻解決。

「但你有沒有想過，一個美好的問題，可以慢慢玩味、思索，是一件多麼棒的事。為什麼要急著消除它呢？」

在任何問題都可以上網問 Google 大神的時代，看到問題本身有趣的本質，去慢慢玩味、思索一個問題，何嘗不是一種奢侈！

學習去「享受」問題，而不是「解決」問題，聽起來好像很自虐，但仔細想想，其實是很有道理的，提醒我們可以慢下來，抱著春天賞花，或是到羅浮宮欣賞畫作的心態，用理性去探索問題豐富的紋理跟層次，慢慢學會「喜歡」問題，就像學會欣賞藝術品一樣，不會總是把問題當作討厭的絆腳石，而是沿途充滿趣味的風景。

我好像可以慢慢看出奧斯卡老師的用心。

釐清問題：「有錢」跟「沉溺物質享受」一樣嗎？

於是，我選擇了第二條路，使用哲學諮商的方法來引導 Eva 試著自己回答自己的問題。

「你可以想一想，會沉溺在物質享受這件事，跟有沒有錢比較有關係？還是跟個性比較有關係？」

我這麼做，是邀請 Eva 去思考「錢」跟「物質享受」之間，有沒有必然的「因果關係」，並且做出選擇。

如果有因果關係的話，那麼人只要有錢，就必然會沉溺在物質享受中。

如果不是的話，就表示這兩件事沒有因果關係，Eva只是被自己的觀察誤導了，卻不知道錯在哪裡。

「我覺得是個性，可是有點難理解。」Eva回答。

十六歲的Eva，對事情多少有些不錯的直覺，但是說不出為什麼，就像大多數青少年一樣。通常，隨著生活經驗的豐富，我們對問題會產生直覺，「嗯，應該是這樣子的吧？」或是「應該不對喔！」卻不一定能清楚解釋為什麼。

所以我可以扮演的角色，不是幫Eva回答，而是幫助她進行「釐清」的工作，就像種植的時候，敲鬆表面堅硬的土壤，讓種子可以生根，「深化」到土壤底下去探索問題的本質。

我的「釐清」是這樣的：

「既然是個性，所以喜歡物質享受的人，不管有沒有錢，都會沉浸在物質享受中，反之，不喜歡物質享受的人，不管有沒有錢，都不會沉浸在物質享受中，可以這樣理解嗎？」

因為是「釐清」，我沒有加入任何自己的主觀意見，只是用清楚的邏輯，幫助 Eva 思考的細根，知道如何往下去找到水源。

你習慣接受答案，還是更進一步思考？

「懂了！」Eva 有些開心地說，「那要怎麼做才不會變成『物質享受的奴隸』呢？」

Eva 的回覆，讓我看到她在傳統教育方式下，太習慣當一個事事問「大人」的「好孩子」，所以並沒有想到別人的說法是不是有不對、或是不合理的地方，換句話說，她輕易接受我的解釋，直接當成「答案」，所以就沒有去「深化」的必要了。

如果要「深化」的話，Eva 可能就會在生活當中，找到活生生的反例，比如說一個沒錢時不喜歡物質享受的人，一旦有錢以後，卻變得追求物質享受了，因此進一步反問：「難道人的個性不會改變嗎？」」這類的問題，也就是所謂的「批判性思考」（critical thinking）。

而且她還不知道要如何去享受問題，才會一旦知道「為什麼」（why），接著就立即想要趕快「如何」（how）解決問題，因為在 Eva 的心目中，「問題」只是花園當中需要趕快拔除的雜草。

看來我要用一點技巧，來刺激 Eva 這個頭腦懶惰成性的乖寶寶，開始思考。

尋找適合自己的方法：如何不變成「物質享受的奴隸」？

「賦權」（empowerment）在近年來變成一個被用濫的詞，但實際上並沒有很多人知道該怎麼做，才有辦法讓另外一個人決定為自己的言行負責。

奧斯卡老師最常使用的方法，其實非常有效：

「你如果這麼想知道這個問題的答案，那麼請你試著回答，讓我聽聽看？」

因為 Eva 做為一個青少年，可能總是被「大人」認為想法不成熟，觀點不夠社會化，久而久之，就不相信自己的想法其實有可能是很好的。一旦得到一些適當的鼓勵，說不定就可以把自己的想法，勇敢地表達出來。

果然，Eva 對於「要怎麼做才不會變成『物質享受的奴隸』呢？」這問題是有很多想法的。

「我想，『物質享受的奴隸』買的東西不一定真的喜歡，有些應該只是為了滿足感跟虛榮心，有點像暴飲暴食，過後可能後悔，但因為空虛感並沒有因此平復，所以會一再復發，形成一個惡性循環。

「相反的，會不那麼在乎物質享樂的人，是因為擁有較健康的價值觀，比起物質更喜歡追求精神、情感……等等，我們看到『快樂』的人通常比較屬於這種，如果有人很注重生活品質（衣服、家具、3C產品……），只要不負債，我覺得是ok的，這樣說來，不當個物質的奴隸，某方面難，某方面容易。

「可是我又發現一件事：要不當物質的奴隸，就需追求其他事，若有一人做的工作並非他真心喜歡，只是為了養家餬口，工作完累得不得了，少有空閒時間（大部分都在補眠），那他可以追求什麼呢？

「在春秋時代，顏回一簞食，一瓢飲，在陋巷，也不改其樂，但這樣的人畢竟只是少數。到了現代，為什麼還是那麼多人，工作時無法樂在其中？為了養家餬口而做不喜歡的工作時，只能咬牙撐住，沒有機會快樂嗎？」

Eva 雖然有「很多想法」，但是把自己的見解、書上看來的知識、社會上得到的價值觀，通通都混在一起了，所以顯得很混亂。

這解釋了為什麼，她會覺得「問大人」比較「快」，因為她無法區分哪些想法是有相關性的，哪些是不相關的，哪些是她自己的，哪些是承襲大眾的成見。

所以我這時候要做的，是提醒 Eva「思考」並不是天馬行空的胡思亂想，而是有嚴謹秩序的。

對自己做近身觀察

「請想清楚，當你在回答要怎麼做才不會變成物質享受的奴隸時，應該為社會上『很多人』回答，還是應該為『自己』回答？」

「為自己。」Eva說。

我反問的問題，讓Eva意識到，無論像暴飲暴食那樣沉溺在物慾中的人也好，為了養家餬口每天累得像狗的人也好，甚至一簞食一瓢飲的顏回也好，都不是這個問題的重點，重點是「Eva」要怎麼做，才不會變成物質享受的奴隸呢？

這樣的提醒很重要，因為很多人的無力感，來自於覺得自己很渺小，沒有改變社會、改變世界的能力，卻忘了想要解決困擾自己很久的問題，其實根本不需要先解決社會觀感，或是全世界的問題。

Eva重新回答的答案是這樣的：「如果會想買很多衣服，是因為買的衣服有些不是最喜歡的，比如媽媽說要節儉，所以買了比較便宜的，但是沒有那麼喜歡。」

當我們把問題拉到個人的現實生活場景的時候，就可以看到，這跟顏回一簞食一瓢飲居陋室的崇高人格，一點關係都沒有，青少年對物質享受的問題，其實是很實際的。

「那解決方法是什麼？」我問。

「衣服只買最合身、最喜歡的——當然前提是我要有自己的收入。其他東西，在意就買喜歡的，不在意就選個CP值高的吧！

「想完這些，我發現東西就只是東西，錢也只是工具，追求我最有興趣的才是最重要，也才會讓我感到最快樂。

「這樣想，我應該不會變成物質生活的奴隸，在基本需求滿足的前提下，即使我還是愛錢，但錢的多寡已經沒什麼關係了，因為錢不是最重要的。」

我很開心 Eva 可以透過思考，再對自己近身觀察，梳理了自己跟金錢應該要有的關係，也很安心地理解到自己應該不會變成物質生活的奴隸。

「思考」要透過不斷練習，養成習慣

做為結論，我提醒 Eva：

「你有沒有發現兩件事呢？

「第一件事：你有沒有發現，你自己回答了一開始問我的問題？思考就是這樣很棒的工具，當你知道怎麼使用它時，答案不需要問別人，其實你都已經知道了。

「第二件事：你有沒有發現『愛錢』，只會讓人變成『金錢的奴隸』，不會變成『物質享受的奴隸』？這是兩件不同的事。」

Eva 說她不但有發現，而且很喜歡我們的思考練習，因為和以往想像中的「思考」都不一樣，真是太棒了！

我衷心祝福 Eva 接受過思考的引導之後，未來能夠使用我們對話學到的思考方法，幫助自己思考問題、回答問題。

因為自己思考過後找到的答案，往往跟自己有關，不用跟社會有關，不用跟媽媽有關，也不用跟顏回有關，因此這個屬於自己的答案，當然比別人能夠給的更特別、更好。

這就是思考的快樂。

16 迷惘時，就用問題來回答問題吧！

——蘇格拉底的哲學方法

阿北您好，我是即將於明年畢業的大四生，想請教您關於未來的職業選擇與生涯規劃方面的問題。一直都很欣賞您，不論是面對自己的生活或是工作上所表現的態度，總是有自己的一套規劃哲學。

由於自己對學習語言一直都很有興趣，目前也正在學習第二外語韓文。過去曾想以筆譯或即席口譯作為自己的目標，但是自己的語言能力不管是英文或韓文卻碰到了撞牆期，遲遲沒有進展，想請教您這樣的話，還要以興趣作為未來選擇工作的考量嗎？

另外，自己其實很希望未來的工作能夠跟語言有相關，但是在看了職涯興趣量表結果後，可能比較適合自己的工作方向是採購、倉管或是生產管理等，我發現這些領域雖然並不讓我覺得有趣，但可能與自己的性格比較符合，那麼我是否要嘗試自己沒那麼有興趣的工作？因為覺得自己有興趣的領域，反而好像是自己能力相對較欠缺的部分。謝謝您！

即將畢業卻感到迷惘的大四生雪莉

第一回合：簡化問題

阿北：

謝謝妳的提問，我們用 email 的方式來進行吧！

首先，你可以試著把你的想法，變成一個以「為什麼」為開始的問題，用一句話說出來嗎？期待我們的討論，也希望你從我們接下來的討論中，認識自己思考的方式。

雪莉：

為什麼我覺得有興趣的工作（語言或行銷），卻常常是自己能力較缺乏的？而自己未來不是想朝那個方向發展的領域，卻又剛好符合自己的個性。

第二回合：概念化（conceptualization）

阿北：

在你的問題中，我看到四個概念：1.能力。2.興趣。3.發展。4.個性。你可不可以把1跟2用一個兩者之間連結性最強的概念串連起來，然後3跟4用另一個概念串連起來？

雪莉：

1和2，我會聯想到「累積」。因為好奇心所以會去接觸某件事，不斷重複相同的事最後成為興趣，而能力也是不斷重複相同的動作，久而久之累積而成。

3和4，我會聯想到「機緣」。因為先天性格會因接收到的刺激或事件不同而有不同，而自己的個性可能會因解決了不同狀況的問題而有所成長，也可能因受不同的教育方式改變，這些都可能是後天影響的。不過會碰到什麼狀況或事件卻不是我們能掌握的，同時，未來的發展也可能受性格所影響，就像是機緣一般無法預測。

第三回合：進一步「概念化」

阿北：

謝謝回答。那你可不可以把「累積」跟「機緣」這兩個概念，再用一個連結性最強的概念串連起來？

雪莉：

我會聯想到「嘗試」。會慢慢累積成自己的實力，也是因為想去接觸新的事物而慢慢培養出興趣，能夠擁有機緣或機會，也是因為自己嘗試想改變什麼而有所不同。

第四回合：串聯「概念」

阿北：

就像你說的，透過「嘗試」，會慢慢「累積」成自己的實力，也是因為想去接觸新的事物而慢慢培養出興趣。因為自己嘗試想改變，才能夠擁有「機緣」或機會。回頭看看自己的提問，有沒有看到以上你自己的回答，就是你問題的答案？

雪莉：

是的，我好像看到了自己提問的答案。只是可能因為現在的自己在短時間內就要面臨畢業，就要選擇一個自己工作的方向，會覺得不知所措。我對每件事會試著去做做看，但是自己在大學的社團或活動經驗較缺乏，會覺得緊張是否會影響到未來的就業。曾想過找實習，但往往在辦活動的經驗上就被刷掉，而因此讓自己覺得現在所具備的能力是否還不夠足以勝任有興趣的工作。

第五回合：應用「概念」

阿北：

你覺得「現在所具備的能力是否還不夠足以勝任有興趣的工作」，請問你覺得你具備的能力，真的足以勝任沒有興趣的工作嗎？

就像你說的，「嘗試→累積→機緣」是有時間順序的。如果沒有嘗試，就沒有累積，自然也就不會有機緣，這是一定的吧？

現在的你，根本談不上選擇工作的方向，只是在第一步的「嘗試」而已。選擇工作的方向，是在「機緣」這個階段做的事。你說呢？

雪莉：

我了解了，現階段我會努力多做嘗試，多累積自己多元的能力，不會再做不必要的擔心，謝謝您的回覆！

第六回合：回顧與反饋

阿北：

在這幾次的討論中，

1. 你喜歡你體驗的哲學諮商嗎？
2. 有沒有不喜歡的？

3.你會希望能夠得到更多的是什麼？

4.在這討論過程中，有沒有對自己什麼意外的發現？

雪莉：

1.喜歡。我覺得哲學諮商很特別，包括進行的方式還有思考的邏輯等，很像是相關詞聯想的遊戲，可以刺激自己思考各種可能。

2.不喜歡的部分可能是回覆的時間較長，有時會需要時間去恢復記憶，回憶當時為何會寫那個答案。

3.不過會希望在哲學諮商進行過程，您可以給予多些想法分享或建議，能夠有不同的意見交流，可能會有不同的思考角度，激發不一樣的想法，但是想請問您哲學諮商原先就是像現在的進行方式嗎？

4.意外的發現應該是其實自己在思考的過程中，無形中就解除心中的疑惑，自己卻還以為尚未找到心中的答案。然後透過這樣的思考聯想，也發現其實很多事並沒有標準答案或是標準的方式，而是自己試

著去做才會發現到其中屬於自己的成果。也謝謝您，我才有這樣的機會可以體驗到哲學諮商^^

總結

我們所使用的，是哲學家蘇格拉底所擅長用的，以問答的以方式來探討真理。就像柯作青在〈談辯論〉中說的，蘇格拉底總是先接受別人的說法，然後找出其中的疑點與矛盾，再層層反問，一一釐清。他曾說：「真正的智慧是來自內心，而不是得自別人的傳授。」他發展出「用問題來回答問題」的辯證方法，幫助許多人發現事情的是非對錯。

面對問題時，我們需要的不見得是正確答案，而是用好的問題，來回答問題。用哲學思考的問答方式幫助自己找到答案，就是每一天向哲學、向蘇格拉底致敬最好的方式。

17

找到自己的狐狸尾巴

——那些你沒看見的自我特質

阿北好：

我是24歲的小律師，現在有不錯的工作，可愛的男朋友，但我不知道要怎樣規劃接下來的人生。我最想要做的工作是作家，但考量現實環境，基本上會把寫作當成一輩子的兼職來生活。而律師業的競爭和要求都越趨激烈，我顯然沒有足以抗衡的覺悟。

問題在於我能做怎樣的工作做一輩子？我正在學日文，也對很多法律以外的領域有興趣，正在考慮是不是要考獎學金去日本念研究所（培養第二專長，同時獲得一定的日文能力）？或是安分地當一個好律師？在對自己的選擇不夠有信心的情況下，我不願意讓自己和男朋友的感情受到遠距的考驗。在這種情況下要如何做出一個兼顧我個人性格、感情關係以及未來發展的最佳安排呢？

謝謝您:)

困惑的小律師愛麗絲

明明是自己的人生，為什麼你那麼在乎別人的看法？

「我覺得你的問題很有意思。」我說。

「哇！謝謝！你覺得我的問題哪裡有意思呢？」愛麗絲顯然有點高興。

我的臉色一沉：「為什麼你那麼在乎別人對你的看法？」

我會這麼說，是因為當我說到覺得愛麗絲的題目很有意思時，她立刻想要知道是什麼讓我覺得有意思。

無論我覺得哪個部分有意思，或是沒有意思，其實跟她真正想要解決的問題，並沒有關係，不是嗎？可是這卻突然變成了她現在最想知道的事。這種反應，讓我回到愛麗絲的問題仔細讀了幾次，發現她不斷說想要做自己，但是「在乎別人對你的看法」卻一直阻止她成為自己喜歡的那個人。

所以我想要請她先把一開始的問題拋在一邊，先專心想一想：為什麼會那麼在乎別人的看法？

「可以的話，給我五個原因，不需要長，每個原因用簡短的一句話就可以了。」

愛麗絲說她對於為什麼那麼在乎別人對自己的看法有五個原因：

1. 我對別人的判斷比對自己的判斷有信心。
2. 我相當看重人際關係，害怕與人衝突。
3. 讓別人滿意比讓自己滿意輕鬆且明確。
4. 我不願意承擔自己獨立判斷的風險。
5. 我相信藉由消化別人對我的看法，我可以成為更好的自己。

愛麗絲還說，她有一種被牢牢抓住尾巴的感覺。

「那我們一起來把你的尾巴拉出來吧！」我笑了。

在愛麗絲的五個回答中，其實透露了五個關於自己性格上重要的訊息：

1. 對別人的判斷比對自己的判斷有信心：缺乏信心。
2. 看重人際關係，害怕與人衝突：害怕衝突。
3. 讓別人滿意比讓自己滿意輕鬆且明確：慣於討好別人。
4. 不願意承擔自己獨立判斷的風險：不願負責。
5. 相信藉由消化別人對我的看法，可以成為更好的自己：沒有主見。

「明明是自己的人生，為什麼那麼在乎別人的看法？」經過了這一輪初步的澄清（clarification），我想我們已經知道愛麗絲真正需要想的問題，是這個才對。

要面對自己，就讓狐狸尾巴通通露出來吧！

我接著提出三個問題請愛麗絲回答：

1. 你有沒有想過自己是一個「缺乏信心；害怕衝突；討好別人；不願負責；沒有主見」的人呢？
2. 你對於發現自己是一個「缺乏信心；害怕衝突；討好別人；不願負責；沒有主見」的人，有什麼感受？
3. 一個「缺乏信心；害怕衝突；討好別人；不願負責；沒有主見」的人，有沒有可能對自己的生涯找到一個「兼顧個人性格、感情關係以及未來發展的最佳安排」呢？

「這樣對於二十四歲的律師會不會太激烈？」我半開玩笑說。

「請放心地把尾巴拉出來吧！」愛麗絲也笑著假裝投降，「我從讀高中就開始煩惱類似的問題，只是一直在逃避尾巴被抓住這件事，所以稍微有點心理準備，並不會太激烈喔。」

愛麗絲的回答是這樣的：

1. 隱隱約約地想過，自己是一個「缺乏信心；害怕衝突；討好別人；不願負責；沒有主見」的人，因為被大家都喜歡的存在，其實很不自然吧（汗）。只是對我的客觀評價普遍偏高，所以不怎麼會意識到上述面面俱到的黑暗面。而且「缺乏信心；害怕衝突；討好別人；不願負責；沒有主見」在線性式的學生生涯中很難被發現，別人甚至是自己會優先辨識自己身上的標籤。何況，又是相當負面的形容詞，自己也不太願意承認。

2. 對於發現自己是一個「缺乏信心；害怕衝突；討好別人；不願負責；沒有主見」的人，有什麼感受？老實說，相當地不舒服。大概就是像精神病患開始有病識感一樣的不舒服，但也覺得鬆了口氣，因為現在開始調整的話，後面還有長長的人生，有可能不用再當一個這樣的人，可能可以塑造出另一種可能性而感到期待，甚至有種原來如此的感覺，讓人生中很多莫名其妙的轉折和停滯變得合理一些。上了大學、談了戀愛、開始工作之後，我一度以為我已經比以前的自己不那麼像是這樣的人了，就已經不是這樣的人了。結果即使比例降低了一些些，整體上好像還是這樣的人呢，還是不夠呢（滚）。

3.

一個「缺乏信心；害怕衝突；討好別人；不願負責；沒有主見」的人，有沒有可能對自己的生涯找到一個「兼顧個人性格、感情關係以及未來發展的最佳安排」呢？我個人覺得不可能。因為沒有所謂的「自己」，也就沒有信心去承擔決定。不論應不應該，都只能先把自己的樣子養出來，急不得。簡單來說，就好像還不知道自己會拿到怎樣的種子的農夫，擔心要把種子種在哪裡，何時播種一樣荒謬。

黑暗中的光

一個人生勝利組，卻看到自己的一大蓬狐狸尾巴被揪出來，我可以想像這有多麼難以接受。

但是黑暗的時候，總比較容易看到光，我相信這些讓愛麗絲看見自己「缺乏信心；害怕衝突；討好別人；不願負責；沒有主見」的負面特質，對於誠實思考自己的問題是有很大好處的。

但別忘了，優點跟缺點往往是兩面刃，比如說幽默的人容易讓人覺得玩世不恭，覺得自己笨的人反而不擔心被嫉妒，所以我請愛麗絲在這五個性格中，試著各找出一個好處：

1. 缺乏信心的人，＿＿＿＿＿＿＿＿＿＿。
2. 害怕衝突的人，＿＿＿＿＿＿＿＿＿＿。
3. 討好別人的人，＿＿＿＿＿＿＿＿＿＿。

4. 不願負責的人，＿＿＿＿。

5. 沒有主見的人，＿＿＿＿。

愛麗絲的回答是這樣的：

1. 缺乏信心的人，比較謹慎，不會冒不必要的風險。
2. 害怕衝突的人，比較能團體合作，和他人建立關係。
3. 討好別人的人，比較有觀察力和同理心，能推測對方的狀態和需求。
4. 不願負責的人，比較不會過於武斷、絕對，保有彈性。
5. 沒有主見的人，比較客觀中立，能換位思考。

整體來講，因為沒有形狀，可塑性比較高:)

我想愛麗絲已經看到了一件很重要的事，雖然「缺乏信心；害怕衝突；討好別人；不願負責；沒有主見」，阻止一個人追求自己真正的興趣，在面對感情和未來的方向上能夠果斷，但這就是自己啊！重點不是這個自己是否完美，因為世界上本來就沒有完美的人跟人生，重點是你喜歡這樣的自己嗎？

如果只能選一個，你會比較喜歡作為一個「謹慎；能跟別人合作；會察言觀色；姿態柔軟；想法有彈性」的人，還是一個「堅持自己興趣；完全不受感情因素左右；可以將人生當成一條直線衝刺」的人呢？

考慮了一兩個小時後，愛麗絲說她知道這就是她的現況，也知道應該要喜歡上這樣的自己，那麼就可以接受現況，再看看要如何生活。只是，問題好像並沒有就此解決。

18 不知道要吃什麼的時候，先吃「一點」麥當勞，這樣好嗎？

在上半段的討論裡，對人生未來迷惘的小律師愛麗絲看見自己個性中缺乏信心、害怕衝突、討好別人、不願負責、沒有主見的部分，也意識到這樣的性格或許不完美，但並非完全沒有優點。

善用「刪去法」：即使不知道自己想要什麼，也可以確定一定不要的

「如果我能夠喜歡上不完美的自己、接受現況，再看看要如何生活，我想會為我們的諮商劃下一個完美的句點。」愛麗絲語氣略帶抱歉地說，「但是，現在的我不喜歡這樣的自己。我覺得這樣的自己好累，外面的世界有太多種聲音，我負荷不了。有人要我努力工作賺錢，有人要我主持社會正義，有人要我繼續深造，有人要我健康快樂，有人要我自我實現，我已經看不懂了。我找不到平衡，也不知道要把自己的重心往哪裡擺。我甚至覺得自己沒有徹底完成個體化，過於不成熟。有太多面鏡子，這樣的我已經不知道要往哪一個方向張望自己的臉，連表情都看不出來了。

如果只能選一個，我會比較喜歡作為一個『堅持自己興趣；完全不受感情因素左右；可以將人生當成一條直線衝刺』的人。因為世界變得太快，至少我可以和自己常相左右，不斷地前進。而且我始終知道自己在哪裡。做一個像現在的我的人，感覺太過吃虧了，無法為自己累積起什麼，只是不斷地為了別人逞強。因為我這樣彎彎曲曲非直線地過日子，似乎很浪費又不爭氣。怎麼過，大家都不會滿意的。不如爽快點，把該得罪的得罪，當個不那麼在乎別人的人。」

說完之後，愛麗絲帶著抱歉的語氣說：「我這部分可能回答得比較情緒化或混亂，阿北辛苦了。畢竟現在的我比較像是不得不接受這樣的我，而不是真正喜歡上了這樣的我。而那些黑暗中的小小光點，還不足以抵擋黑暗。」

聽完以後我忍不住笑出來：「愛麗絲，你還是那麼關心別人對你的想法，即使明明這節哲學諮商是你的，面對的是自己的問題，你還是考慮、擔心自己的回答會不會讓諮商不順利、不完美。一個口口聲聲要做自己的人，這樣是不行的喔！」

「謹慎；能跟別人合作；會察言觀色；姿態柔軟；想法有彈性」，就像選擇跟父母、媒妁之言介紹的合適對象成婚。而選擇自己的真愛，則是「堅持自己興趣；完全不受感情因素左右；可以將人生當成一條直線衝刺」的人才能做的事。前面一個選擇，對於人生來說會比較容易，失敗機率比較低，失敗了也不用自己負責，後者才會有機會讓自己成為一個自己喜歡的人，但是冒著較大的失敗風險，萬一失敗的責任也通通是自己要承擔的。

我在臺灣時常會聽到兩個臺灣人討論要吃什麼的對話，通常是這樣進行的：

A：你想吃什麼？

B：隨便。

A：那我們去吃麥當勞。

B：不要！

A：那你要吃什麼？

B：除了麥當勞，什麼都好。

我每次聽到這樣的對話，白眼都要翻到後腦勺了。

從一開始，B真的那麼「隨便」，覺得自己吃什麼都可以嗎？難道B真的一點都不知道自己要什麼、不要什麼嗎？

就算B一開始真的以為自己吃什麼都好，但聽見A提議麥當勞之後，B雖然還是不知道自己要什麼，卻突然非常確定自己絕對不要吃麥當勞了。

在這裡，愛麗絲就是這個B。繼續當一個「謹慎；能跟別人合作；會察言觀色；姿態柔軟；想法有彈性」的人，就是愛麗絲突然發現絕對不想吃的麥當勞。

重點不在於麥當勞是不是真的那麼不好，而是你真的不想吃麥當勞。所以無論用理性分析找到再多關於麥當勞的好處，對你也是沒有用的。

其實，你在提問之前，本來就知道是這樣了吧？只是聽到A說要吃麥當勞的剎那，讓你突然清楚表態了，因為不這樣的話，就會吃到自己一點都不想吃的麥當勞。

正是「缺乏信心；害怕衝突；討好別人；不願負責；沒有主見」，讓你不敢承擔風險，選擇走向成為自己喜歡的人。

讓我送給你一段臉書創辦人祖克柏（Mark Zuckerberg）的話吧！「最大的風險就是不願意冒任何風險。……在這個瞬息萬變的世界，唯一必敗的策略，就是不願意承擔風險。」（The biggest risk is not taking any risk... In a world that changing really quickly, the only strategy that is guaranteed to fail is not taking risks.）

「既然不吃麥當勞，你真正想要吃的是什麼？」真的是一輩子寫作？還是去日本念書？或者是別的？你願不願意承擔，吃到比麥當勞更難吃的地雷的風險？這是接下來你必須透過思考，慢慢回答自己的問題。你確定不考慮麥當勞嗎？

絕對不想要的，可以要一點點嗎？

「我確實很容易想太多別人的事，而忘記自己真正在乎的事。」愛麗絲苦笑說，「一邊想著這都是小事，沒關係的，結果漸漸分不清楚大事和小事了。」

接著愛麗絲說，她自己其實也常常在想關於是否有勇氣選擇真愛的譬喻。

在選擇要和誰度過人生這件事上面，我就基本上是個『堅持自己興趣；完全不受感情因素左右；可以將人生當成一條直線衝刺』的人，當然會有很多需要自己一個人面對和思考的部分，可是生活也漸漸變得美好。因此越來越意識到，如果在擇偶上，這樣的選擇長遠來講才能讓我願意付出、培養，那麼在職業選擇抑或是生涯規劃上面，去做一個傾向於『堅持自己興趣；完全不受感情因素左右；可以將人生當成一條直線衝刺』的人，可能也會讓我過得更好。

關於考不考慮麥當勞的問題，我想我現在真的還不能夠說出自己想要吃的是什麼，我需要更多時間和空間去嘗試、去迷路，才能知道我真正想要的。而基於人不吃東西太久會死掉，我會考慮先把手上的麥當勞吃掉，才有足夠的熱量去找到我真正想要的事物。而且，也不用在還沒有想清楚要什麼之前就憤而絕食。

現在想想，我知道我不想要吃麥當勞吃一輩子。但是在還不知道自己真的想吃的東西之前，我還是會一邊吃麥當勞一邊尋找。我可能誤以為，我只要不吃麥當勞或是絕食，就會知道自己真正想要的是什麼，但這顯然是個錯誤的推論，所以害自己壓力很大。但我現在冷靜地想，那只會讓我餓死，或是過度慌亂，並不會開啟我的潛能。我真正需要的是，給自己時間去想，適量地吃麥當勞，同時找找自己想要的，而不是逼自己給出答案。

因此我會考慮麥當勞，但和麥當勞保持開放式關係。我也願意承擔風險，但是在依照我原本的性格的前提下，一點點、一點點地拉高風險的比例；而不是一下子跳進去絕對的、使我恐慌的風險。

和麥當勞保持開放性關係，聽起來很有道理，不是嗎？但是請想想，世界上有沒有「適量吃麥當勞」這件事？

我提醒愛麗絲：作為一個律師，你認為老師可以「適量體罰孩子」、上司可以「適量性騷擾部下」、廠商可以「適量摻地溝油」嗎？明明不要的卻可以「適量」、「看情況」，那麼肢體暴力、性騷擾、食安問題會有停止的時候嗎？

「我們說了這麼多，其實你一點都沒有像你自己說的，要下定決心想要面對自己吧？」我非常不客氣地直話直說，請允許我請問你這節諮商的最後一個問題，答案只能在是或不是當中選擇一個：「『適量』背後真正的意思，是願意承擔風險，還是不願意承擔風險？」

愛麗絲給了我她最後的回答：

「謝謝你看見我的自欺欺人。作為一個律師和作為一個人，我都不同意世界上有『適量吃麥當勞』這件事。

「確實一直以來，我都是貪圖吃麥當勞帶來的方便和安全感，即使在言語上不滿，在行為上卻依然只吃麥當勞，沒有下定決心面對自己，我的生活方式不斷在欺騙我的心。但這樣下去，我只會越來越不喜歡自己。所以從此以後我願意承擔風險。

「謝謝你如此客觀的提問，讓我看見明明不願意改變、選擇，卻也不願意接受現況的自己。半夢半醒是最痛苦的，這次，我想要真正地醒過來，即使不適量的風險，我也願意承擔。不然再過這樣的二十四年，我無法想像我會成為怎樣扭曲的大人。」

我很高興，愛麗絲也開始看到了我所看到的她。要拉出距離，用客觀的角度來評斷自己，其實是一件很難、也很痛的事，但是正因為她願意讓自己的尾巴被揪出來，願意面對自己，所以，她也因此比大多數迷惘的人，更能夠跨越黑暗。

關於這節哲學諮商的反饋

哲學諮商的最後，我照例問愛麗絲這三個問題：

1. 你喜歡我們這節哲學諮商嗎？
2. 這節諮商的過程中，有沒有什麼訝異的發現？
3. 你有沒有希望這節諮商可以給你更多什麼？

愛麗絲的回答是：

1. 我喜歡我們這節哲學諮商，給了我很多嶄新且明確的想法。自己一個人思考或是和朋友討論，都會有顧及自己尊嚴和感情而不能明白說出來的部分，也容易把很多問題歸因於性格而無法改變，即使偶爾被發現在逃避，朋友也不好意思窮追猛打。但是這節哲學諮商裡，我的手腳都看破，小聰明都落空，所以這樣很好。

2. 這節諮商的過程中，有沒有什麼訝異的發現？我發現我並不是需要一個答案或是方案，那可能隨時都在變，需要的是一種願意承擔風險的責任感。因為我的問題不是我無法找到自己喜歡的事物，而是我因為害怕而不敢放下現在已經有了的麥當勞，因此才需要反覆地自我遊說，尋找各種理由讓自己繼續這樣搖擺下去。

3. 你有沒有希望這節諮商可以給你更多什麼？我覺得已經給了比我期待中還要多了的刺激。讀別人的問題和諮商過程的時候總會覺得軟軟的，但是自己的問題被這樣反覆地詢問下去的時候，會異常地不舒服和痛苦。如果真的有希望給我更多什麼的話，大概是希望可以更凶猛一點吧，有時候，能好好地受傷，才能好好地醒過來。

「你是一面很好的鏡子，我確實地看見了現在的我。」愛麗絲最後說：「能在這樣的歲數，剛剛好讀到你的文字，鼓起勇氣發問也得到哲學諮商，實在是相當幸運的相遇。」

能夠清楚看見自己的全部，包括自己的逃避，自己的尾巴，自己的思考路徑，其實是非常幸運的。衷心祝福每一個愛麗絲能夠找到自己真正想要的人生，那就是自己的夢遊仙境。

畢竟知道自己以後要做什麼，不代表就會過著童話中幸福快樂的一生，實際上成功者的生命，可以是相當無聊甚至悲慘的，畢竟我們必須接受，生命不在任何人的可控範圍之內，就像我們前面看到和魯蛇的對話說的，這是對於貪婪的控制狂來說，一個難以平靜面對的壞消息。但作為思考的實驗，就作最壞的打算吧！當作自己會過著悲慘的餘生吧！知道以後要做什麼，不做什麼（what的部分），也想清楚了做與不做背後的原因（why的部分），就算悲慘，也會是充滿覺察的生命。

在這最壞的情形下，你會選擇悲慘但是沒有自我覺察的一生，還是悲慘但是有清晰覺察的一生？只要做了「即使在最壞情況下，我也願意踐行邏輯思考」的決定，時時覺察，並且做符合邏輯的決定，生命的走向，就會開始往好的方向前進。

這不是魔法，只是邏輯思考必然的力量。

19 為什麼要學語言？——鈔票和AI不能幫你翻譯的

語言是想像力的「結界」

幾年前，網路上流行一種說法，叫做「貧窮限制了我的想像」。起因是一個日本的女網友買了一件六十萬日幣的香奈兒上衣，結果拿去乾洗卻掉了色，打去給香奈兒公司作客訴時，得到的回覆竟然是：「我們這產品設計時根本沒考慮過要洗，一般都是穿幾次就丟掉了啊！」

這位女網友說，她從來沒有像這一瞬間深刻地感受到自己的貧窮。這則推文傳開了以後，許多網友就用「貧窮限制了我的想像」來自嘲，關於有錢人的世界、有錢人的生活，我們一般人根本難以想像。

當然，同時也有人說富有才真正限制了想像力，所以才會有「何不食肉糜」的晉惠帝聽說發生饑荒，老百姓沒有糧食吃，很多人都餓死了，就問：「那他們為什麼不吃肉呢？」

但我看到的是，真正限制了我們想像力的，往往不是有什麼、沒有什麼，而在於「不知道自己不知道什麼」。

至於我們為什麼會不知道自己不知道，很多時候既不是知識不夠淵博、也並非思考不夠周延，而是我們被既有的語言限制了。換句話說，只要母語裡沒有的字，我們就難以理解真正的意涵。

比如在網路上，最近突然有許多人開始討論「凪」這個和製漢字，並探究這個字的意思。有人說，既然「凪」和「止」合成的，那就應該是沒有風，因此中文大多顧名思義，翻譯成「風平浪靜」。但與其說這個日文字是風平浪靜，不如說「凪」象徵的意義，在中文裡並沒有一個專門的詞彙來表達，因此說中文的人無法確實理解為何這個字在日文中很重要。

不過，「凪」在我眼中，確實很接近德語中另一個非常重要的字，叫做「gemütlichkeit」。

德國人一說到這個字，就會想到在幼兒園，一整套按照「全德國兒童聯盟」專為加強四至五歲兒童個性發展而制定的教育方案，其中有一門「思維想像課」，是「乘火車旅行」的活動，目的是以遊戲的方式引導孩子們安靜思考，以達到「平靜安適的狀態」。這與前一陣提倡學習丹麥人的 Hygge 精神，或者瑞典人所重視的 Mysig 狀態，都是相同的意思。

但因為中文裡沒有這個概念，所以這個之於日本人或歐洲人很容易理解的概念，說中文的人卻往往只能理解其外在形式，以為「凪」就是風平浪靜，而「Hygge」就是要在房裡點上很多蠟燭，裹著毛毯，一起吃垃圾食物聊天。所以這股風潮似乎就隨著夏天到來，熱浪來襲，在大家覺得汗流浹背下不了了之。畢竟一個用自己的語言叫不出「名字」的東西，很難具體去理解，更別說去喜歡、或是內化成生命情境的一部分了。

類似的例子還有很多，都影響著我們說中文的人對特定概念的理解。比如我們時常強調生命在追求「完整性」，所以有很多人夢想著藉由追求與另一個人的愛情來讓我們「完整」，或是追求信仰以達到「完整」，卻不知道「完整」真正的概念是什麼，其實「完整」的真正定義跟我們的想像是很不一樣的。在英文裡的「完整」（integrity）這個字，其實在拉丁語的結構是「in」加上「tangere」，直譯就是「沒有被碰觸的」。

只要放下成見稍加思考，其實很容易理解，任何了解自然生態的人都知道，野生動物或植物總是把「被碰觸」視為一種威脅，因為動植物唯一會被碰觸的時候，就是要被敵人吃掉的時候。這是為什麼澳洲拉特伯大學（La Trobe University）生物學家威蘭（Jim Whelan）二〇一八年底在《植物》期刊研究中指出，觸摸會啟動植物的荷爾蒙和基因的反應，這些形同抵抗外來攻擊的防禦機制一旦被驅動，就會耗掉生長時所需要的能量和資源，導致植物無法繼續成長。以阿拉伯草為例，被威蘭教授的研究團隊用軟毛刷觸摸葉面的三十分鐘內，高達一成的基因組就會發生改變，成長率也因此減少三成。而觸摸刺激，不只是來自於人類，來自其他動物、昆蟲，甚至風吹造成葉片之間的摩擦，也都會讓植物感受到很大的威脅。

所以一個生命追求完整性，並不是去創造連結，而是去避免被碰觸。這也解釋了為什麼很多人，努力尋求跟外部連結的結果，不但沒有讓他們的生命變得完整，反而因為無法承擔巨大的壓力而枯萎。因為我們可能從一開始就誤解了「完整」這個字的真正意思。

即使說了同一個詞，你想的意思是不是我想的意思？

另一個有趣的例子，是「無我」。

我最近去哈佛大學參加了一場新書朗讀會，作者是波士頓在地的一位心理學家／哲學家提姆．戴斯蒙（Tim Desmond）。他說到在自己的生命裡，父親是缺席的，由單親媽媽一手撫養長大，十幾歲的時候還一度是流落街頭的無家者，十九歲時因為拿了體育保送生名額才能夠順利上大學。當時，他的政治學教授書單裡開了一本一行禪師（Thích Nhất Hạnh）的作品，從此改變了他的生命，後來他一面組織社會運動，一面在寺院跟隨禪師二十多年，學習如何面對自己內心的憤怒。

他提到有一個練習，是一行禪師要大家在寺院的地板上平躺下來禪修冥想，感受到「自己」如何來自於雙親。他說他可以清楚感受到自己身上，繼承了母親的各種優點與缺點，但是他卻抗拒自己的身體裡，有一半來自於不負責任的父親的事實。

「在那一刻，我才意識到，即使跟隨著一行禪師學習了二十年的愛與和平，我的身體裡仍然充滿著對我父親強烈的恨意。」提姆說。

接著，他說到「無我」的思想如何幫助他意識到自己身上有形、無形的一切都其來有自，就像茶杯裡面的那一碗茶湯，曾經是天上的一朵雲，仍然是一朵雲，未來也還會是一朵雲，只是現在暫時在他的茶杯裡而已。他內在那些恨意，其實也不是來自於他自己，而是來自於父親的生命承載的痛苦，一部分化成了他心中的恨，而他父親的痛苦，也一定不是憑空出現的，而是其他人給他的。

「意識到這一切都不是我，讓我一輩子對父親的恨意終於釋然。」提姆說。

聽到這裡，我才意識到，雖然他用的詞語是巴利語的「anattā」，但因為我是從小在一個大乘佛教的文化環境裡，把佛教根本思想裡這個對於「我」的否定，很自然的在腦海中翻譯成耳熟能詳的「無我」，沒有我，我不存在。但是跟隨著來自越南的一行禪師的提姆，他對於同一個詞語的理解，卻是南傳佛教裡的「非我」（Nirātman），解釋為「這不是我」，而不是「無我」。

這兩種含義之間的爭論，一直以來都是佛教各宗派間的重要課題，但是當我在美國用英文聆聽時，我和提姆之間，也因為從一開始對同一個詞的理解不同，因為我的不審視而誤解了他的意思，直到他說完最後一句，我才恍然大悟。

「思考『思考』，就是去思考『語言』本身。」我非常同意我的老師奧斯卡的這種說法。審慎的翻譯我們彼此的話語，即使我們說的是同一種語言，也不能理所當然地認為，只要我們使用同一個詞時，當然都對這個詞的意思有著同樣的詮釋。在思考的過程中，必須一個詞、一句話，逐一推敲，耐心確認，

「他真正在說的是什麼？」「他為何要這麼說？」才是真正尊重與我們對話的對象，也才是真正的「傾聽」。

懂得一種外語，就能看懂一群人的內建系統

每一種語言，都濃縮了各式各樣的社會和文化要素，無論是AI還是鈔票，都不可能把被語言支配的人類思想，完美地翻譯出來。

每一年剛開始的時候，許多人訂立了新的新年計畫，我相信也有很多人把「學外語」當成主要目標吧？那我們就試著用哲學思考的角度，來看為什麼人應該學外語！

我最近讀了一本韓國作者孫美娜的《最高外語學習法》，當時我剛離開阿根廷的布宜諾斯艾利斯市，到達巴西里約熱內盧的海邊，那是我過去二十年來幾乎每年都會回去小住的地方。

我為了到南極旅行而在阿根廷的這三個星期，剛巧也跟同行的親人認真討

論到，是不是應該另外花一兩個月的時間，租一間公寓，好好的住在當地學習阿根廷西班牙語。

所謂的阿根廷西班牙語，跟其他西班牙語系國家的西班牙語很不同，基本上只在阿根廷和烏拉圭的拉普拉塔河（白銀之河）地區通行，有時也被稱為拉普拉塔河西班牙語，無論在詞彙和語調上都深受義大利語的影響，比如阿根廷人說再見時通常會說「Chau」，就是源自義大利語的 Ciao。發音上也很不同，比如所有「ll」和「y」的發音，在阿根廷都會變成「sh」聲。阿根廷語還從克丘亞語和瓜拉尼語等原住民語言中借用單詞。除了獨特的發音外，阿根廷西班牙語還具有自己的動詞變位，以及許多獨特的俚語。

如果我再回到阿根廷長期居留，學習阿根廷西班牙語，最主要的原因應該不會是為了實用，而是作為一個哲學踐行者，一種重要的思考練習。因為就像孫美娜在書中說的：

學外語相當於熟悉「另一種思考體系」。如果學外語能讓我擁有與自己熟悉事物截然不同的「新思考方式」，那麼我看這個世界的觀點就會改變。

如果學習阿根廷西班牙語，我就更能夠從日常語言的使用中，理解阿根廷人的思考邏輯，在什麼部分更接近義大利人，在哪些地方更接近印地安原住民，而哪個面向則是主流南美洲人的思維方式。

只有透過語言，我才能滿足想要真正看懂阿根廷人靈魂深處的好奇心，而對人充滿好奇心，正是做好哲學諮商師一個重要的前提條件。

外語的力量，可以消弭國界、恐懼和歧見

恐懼什麼呢？我同意孫美娜說的，很多人渴望挑戰卻無法接受挑戰學習外語的原因，多半並非能力或現實條件不足，而是因為對於「失敗的恐懼」。難道勇於挑戰學習外語的人就無所畏懼嗎？也並非如此。邁開腳步走向未知的世界，或走在他人不願踏上的道路，抑或挑戰自己的極限，這些事任何人都會害怕。只是付諸實踐的人帶著「失敗也無妨」的想法，會有這種正面的心態，源自於他們相信凡事皆有各種選擇。

是的，我們的人生都有各種選擇，即使同樣是學習西班牙語，也有各種方言可以選擇，阿拉伯語、中文、英語，何嘗不是如此？所謂的「全球化」，不能只是用錢收購外國企業，或是使用AI來進行機器翻譯，因為每一種語言（甚至每一種方言），都濃縮了各式各樣的社會和文化要素，無論是AI還是鈔票，都不可能把被語言支配的人類思想，完美地翻譯出來。

每個語言都有其誕生和發展至今的文化、歷史背景，所以若單純只用機器作轉換時，就很常會遇到各文化圈之間，雖然文字相同但想傳達的意義和感覺卻截然不同的狀況。我相信「外語的力量」指的並非流暢地說著其他國家的語言，而是一種「正向、輕鬆自在的心態」，幫助我們從根本的想法上，讓國界、恐懼和歧見消弭，對人、文化、世界充滿好奇和愛，否則學習外語，頂多也只是帝國主義殖民時期的延續變形而已。

到頭來，語言就是邏輯。每一種語言（包括每一種方言），都呈現了使用者內建的操作系統。而每學會一種語言的規則，就是用邏輯看懂了使用這種語言的這群人，最準確的方法。

20 社畜人生只想說聲「我就廢」？

——莊子告訴你，要廢、無用其實不簡單

你以為「有用」很難、「無用」很簡單嗎？一點也不，要好好活出「無用」的樣子，顯然比「有用」更難、要花更多的時間跟心力！

人的憂慮真的很多啊！尤其過年後開工的社畜們，一下子擔心自己沒用，會被開除；一下子又擔心自己太有用，工作做不完。我就問，到底你想要有用還是無用呢？

《莊子．逍遙遊》裡面有一個故事，是莊子的閨蜜級好友惠子對莊子說：「我有一棵大樹，就是人們所說的臭椿樹。它的主幹臃腫，不符合木匠在木頭上作記號的繩墨，它的樹椏彎曲，不符合木匠測量木頭的工具。它就長在大路邊，因為太無用了，工匠連看都不看它一眼。現在你莊子，就像這臭椿樹

一樣大而無用，大家都不接受。」

這種話確定只有閨蜜能說，交情不夠的一般人聽到應該都炸了吧？

要知道，這個惠子可不是《惠子不能輸》裡面的拳擊手惠子，只是同名而已，惠子本身就是個超有用的人，在鄰國當宰相，他擔心這個好朋友莊子念哲學念到走火入魔，把自己變得超無用的。

但是莊子回答惠子：「現在你有大樹，與其憂愁它沒有用，為什麼不把它栽種在虛無的地方、遼闊的曠野，這樣你也可以無拘無束地在它的旁邊無所事事、甚至自由自在地在它的下面睡覺？那樣，刀斧不會使它早亡、事物不會傷害它。怎麼會因為它沒有什麼用而愁苦呢！」

還好你不是莊子的媽媽，要不然你可能早就已經被莊子氣到半死了吧？

「廢文化」當道下，你身邊也有這樣的廢青、廢宅、魯蛇嗎？

現在考驗你對廢文化理解程度的問題來了：如果你以為「廢」只有一

種，那你就錯了。「廢」的層次還滿豐富（？）的，你到底有沒有看懂那個你身邊會說「我就廢」的人在想什麼？而惠子有沒有看懂莊子想要的無用？

以下有四種「廢」：

天下第一廢：俺就是要廢！就是要沒有用！有用的人死得快！身在汙濁混亂、動盪不安的社會環境中的人間世，惟有「無用」於世，與世無爭，韜光養晦，才能遠禍全生。人一旦只被賦予工具價值，不免對生命造成戕害毀傷。所以惟有超越工具性思考，才得以「全生」。全生可不只是保全生命這麼簡單，更重要的是在於精神層面上的「全」——順乎本真天性，乘道德而浮游，保全精神上絕對的自由，逍遙啦！

天下第二廢：看上去沒有用，除非運用得當，才能發揮出意想不到的作用。所以有用，是你笨，不會用！像艾倫・狄波頓（Alain de Botton）在《旅行的藝術》中說的：旅行的意義不是為了見識風景和體驗文化，更重要的是要從旅行中通過與當地人的交流和互動去獲得啟示和領悟。所以旅行其實超有用！你只會去免稅店買紀念品，還專門去比較哪裡的優衣褲（Uniqlo）、麥當勞比較便宜，比加利利跟晴天兩家旅行社哪一家CP值高，笨死！

天下第三廢：沒用才是真的有用！實用價值沒有，但內在價值是超越實用價值的，只是你笨，看不懂！像老子《道德經》中車輪和車軸的例子，空心的車輪才能夠轉動，而實心的車輪則無法轉動。假設一個天生有自閉症的小朋友，他的母親對其他人說：「雖然他有自閉症，但可能他在數學或音樂獨當一面呢！」這不仍是為這個小朋友在找「用途」、找價值嗎？為什麼不能拋開「有用」、「無用」的慣性思維，讓他們逍遙適性，母親只需要純粹用心愛護著孩子本身的內在價值呢？

天下第四廢：無用是假的！只是有用在意想不到的地方！就像莫琳・希凱（Maureen Chiquet）在自傳中說的：她學習文學和法國新浪潮電影的經歷，雖然不能直接帶來就業機會，但是這些知識卻能夠讓她更好地理解這個世界，從而更好地適應社會。卡爾維諾（Italo Calvino）在《為什麼讀經典》中也說：經典作品雖然看似無用，但是它們可以讓我們擁有更深刻的思考和更廣闊的視野。他還談到了讀書對於培養語言能力和審美素養的作用，強調了讀書對於人文素質和文化傳承的重要性。

你猜猜看，莊子想要的「無用」比較接近哪一個？你比較認同的又是哪一個？

雖然我有我的答案，但是我沒有打算要告訴你答案，畢竟這是哲學諮商室，你需要自己思考、自己做決定。

好好活出無用的樣子，要花更多心力！

但我想要特別說一下，莊子提到應該把原本會被人家討論有用、無用的樹，搬到遼闊的曠野之中，這要怎麼辦到呢？

我特別去查了一家專門在搬遷老樹的公司網站，發現樹木移植對樹木來說竟然是一場大手術，為了移植可以成功，讓其完整地在另一個地方繼續生活，重視的是時間及移植的各項程序。移植大樹的專家是這麼描述的：

一要講究時間。移植大樹不能急，需要一年以上的根回（斷根＋養根）時間。因為時間對於老樹來說是非常重要的一件事，老樹原本生長率就不高，逐步切除百分之九十的根系，需要一個完整的生長年度才可以慢慢回復，若是樹勢不良的老樹需要更長的時間，最好是經過有經驗的樹木醫學工作者，實際審視之後再下決定。

不只這樣，還要在對的節氣才能做，在冬季至清明前時移植是最好的時期，因為這段時間蒸散率較低，可以做較少的樹葉去除，養護工作也較容易執行。這解釋了為什麼過完年開工以後總會有一波離職潮！（不是……）

二要講究程序。移植必須經由完整的程序，才可以使移植的成功率提高，如根回程序、土球包紮程序、修剪程序、吊運程序、棲地改良程序、養護作業。以根回程序來說，指斷根加上養根，一般的樹木樹根寬度約為樹冠的一～三倍，太大的土球移植成本太高，也較容易造成吊運過程中土球的破裂，所以需要進行根回的程序。

土球的包紮程序也馬虎不得，土球在吊運的過程，容易因土球受不了樹體重量的壓力，而產生破裂，會降低存活率，最好是以可分解的材料進行紮實包裏。

至於修剪程序，由於樹體過大可能使運送過程形成阻礙，需要進行修剪作業，要注意未來恢復的可能狀況，使恢復時間降低，減少危險樹枝的產生。吊運程序，因為像莊子這種很大的臭椿樹通常是數噸到數十噸的重量，吊運過程必須經過樹體進行保護，以免樹皮受傷。

樹木移植到新的棲地，不是就沒事了，還要開始一整套的棲地改良程序，了解新棲地的土壤狀況，調查排水狀況、透水率、土壤硬度、pH值、土壤質地、肥力、有害物質、保水性等，給它一個好的環境，它才可以因應未來環境。

接下來，還有養護作業、澆水作業等，尤其是澆水作業。剛移植的前半年須每星期澆水一次，一年後視情況澆水。這是為什麼企業辦那些植樹減碳活動結果樹都死至少一半，因為種了以後沒有人去澆水、養護，怎麼活得下來呢？

最後，樹形恢復也很重要，因為吊運問題，某些枝條必須切除，到新定植地點會形成欉枝，必須經過三年以上的結構性修剪工作才會恢復。

另外，我還發現一個有趣的地方，這個專業者強調移植最重要的是「移植樹的情感、故事及歷史」，因為時間與程序是樹木移植中相當重要的一件事，樹木是時間累積而成的，情感轉移至其他土地上建立，同樣需時間醞釀，所以要有完整的「移植計畫書」，這是檢視移植過程是否得宜的重要作業，因為每棵的樹種、特性、年齡、身形、移植路徑與新的棲地環境均不相同，必須量身訂製，以達成對於樹木最好的對待，不是草率的過程，今天辭職、下個禮拜就飛去澳洲打工度假，人生自然就變好，不是這樣的好嗎?!

「哇！這也太有啟發性了……足夠的時間跟正確的程序！」有一位朋友聽完我的分享以後，一整個感到讚嘆。「原來第一步要先逐步斷捨離，切除百分之九十的根系，第二要找對的時機，移植過程中還要小心保存部分原本的生長環境，但需要修剪樹體，保存核心，但是我沒想到的是，移植最重要的，其實不能只移植樹的身體，還要記得移植樹的情感、故事及歷史，不然移植過程中樹木受傷或是死掉了，傷害的不只是樹木，還傷害了這片土地上所有的記憶。」

你以為有用很難、無用很簡單嗎？

一點也不，要好好活出無用的樣子，顯然比有用更難、還要花更多的時間跟心力！在這之間，請跟惠子一樣，繼續力爭上游，好好的當有用的工具人、社畜吧！因為要廢成莊子那種程度，可不是容易的事！

21 培養你的「全視之眼」

在〈談競爭力之前，先想想你到底在跟誰競爭？〉那一章裡，我曾說，比起為了跑出更好成績而遮蔽視野的賽馬，我更願意當可以睜著好奇的「全視之眼」，好好被沿路風光分心的那種劣馬。

在這裡，我想更進一步說說，如何用「全視之眼」，或者哲學上常說的「超驗」，幫助我們理解自己、理解這個世界。

「超驗」指「超越經驗」，在英文裡叫做「transcendence」，這在西方是無論大人小孩似乎不解釋也都能夠心領神會的詞彙，但是在中文語境裡卻很難理解。

我自己也是在哲學工作坊上試著解釋這兩個看起來好像很厲害的哲學名詞

時，才發現「超驗」根據哲學家康德，其實就是我們熟知的「真善美」統稱。從小，我們都被教導要把「真善美」當作是人生最高的追求，但是從來沒有人告訴過我們，為什麼是真善美，真善美又為什麼這麼重要。

然後，我又發現，用「說故事」這個方法，或許可以幫助我們把聽起來莫名其妙的「超驗」，變成一個清清楚楚、可以掌握的想法。

從拆解故事，到理解哲學邏輯

雖然我學習的不是薩提爾理論，但有趣的是，我發現無論在臺灣還是中國，許多對於哲學思考有興趣的人，同時也熱衷於家族治療、心理治療。其中，我時常聽到甘耀明跟李崇建這兩位老師的名字，所以當我看到他們兩位合寫的《透明人》、《藍眼叔叔》這兩本書，就忍不住好奇讀了起來。

《透明人》講了一個關於探討什麼是「真」的故事。從人前人後一致的重要性，到缺了一角的偽科學卻被當成真理看待。故事前後以「透明」的概念貫串，說了隨處可得的「假」如何取代了「真」；而《藍眼叔叔》則闡釋了一個關於「善」的故事，從人對於事物外表產生的偏見，到人與大自然之間的偏見。故事讓我們看見偏見的「惡」，以及用破壞自然來建設的惡，如何取代了「善」。

用哲學邏輯來說故事的好處是，我們可以只看故事本身，不需要多想，但也可以藉著拆解故事，去理解抽象難懂的哲學概念。我在《透明人》和《藍眼叔叔》這兩個故事裡面，看到了五個說故事的有效步驟。

而且，這五個步驟如果套入日常的數據、資訊、知識、智慧，還可以幫助我們看清許多從表面上很難理解的現象，包括自己、他人、社會現象，當然也包括政治，例如，為什麼古巴選民會成為川普的鐵票？所以我想用這個例子，來說明這五個有效步驟：

第一步，把「數據」加上「情境」，成為「資訊」。在二〇二〇年美國總統大選前，佛羅里達州最大都會區邁阿密，約有八成古巴裔選民表示會投給川普。

第二步，把「資訊」加上「意義」，成為「知識」。比如有許多受訪的古巴裔美國人民表示，他們支持川普的關鍵原因在於「民主黨越來越左傾」，由於住在邁阿密的多數古巴裔美國人，都是在兩個世代內從「共產古巴」逃出來，因此對於左派政治傾向會有很深的疑慮。

第三步，把「知識」加上「洞見」，成為「智慧」。當我們思考從「共產古巴」逃出來的古巴人，即使在美國生活了大半輩子，他們的記憶仍然讓他們對於左派政治傾向留下永久的烙印——即使在一個不同的時代、在不同的國家裡生活。所以，在美國的古巴人大多會無條件地支持共和黨候選人，這變成了美國政治的潛規則，也可以說是政治智慧。

第四步，把「智慧」加上「覺察」，成為「哲學」。古巴裔美國人自以為智慧的非理性行為，讓我們意識到個人的經驗與記憶，會形成根深蒂固的價值觀和信念，表現出「反左派」的非理性言行；而美國民主黨被老一輩的古巴人歸類為像共產黨一樣令人恐懼的左派，違反對「善」的認識。

第五步，把「哲學」加上「觀點」，成為「超驗」。古巴裔美國人投票給川普的行為，並不能解釋成對川普個人的支持，而是逃出「共產古巴」的人，為了追求真善美這人生終極的價值追求中，一種「至善」價值觀的表現。這個觀點跟為了追求「至善」而不投票給川普的民主黨人，其實本質是一樣的，只是因為內在跟外在的生活情境不同，塑造出他們不同的世界觀，以至於做出了相反的決定。

前面四個步驟，都是一步一步從經驗出發，由淺入深，像砌金字塔般層層疊起，但是到了最後一步，突然超越了經驗，一躍變成金字塔頂端的「全視之眼」（All-seeing Eye），一隻飄浮在空中可以看清一切的眼睛，被雲霧或光芒環繞。我們只要翻到一美金的紙幣背面，都會看到這個全視之眼的圖案，在哲學上則稱為「理性之眼」（Eyes of Logos）。

這雙眼睛，可以是「藍眼叔叔」的眼睛，可以是看待美國選舉人行為的理性之眼，也可以是天空中永遠指向北方的北極星。當我們眼睛注視著北極星而行走的時候，就知道自己正在朝著正北方前進，即使知道沒有人能真的到達北極星，也不減損一個想要往北方去的人朝北方不斷前行的意志。而真善美，原來就是這顆藍色的眼睛，就是這顆明亮的北極星，那就是人類的「超驗」。

從更高的角度看見全局

「哲學」加上「觀點」的「全視之眼」，可以說是「開天眼」的概念，讓我們套入日常的數據、資訊、知識、智慧，變得有能力可以探索、讓超越經驗世界以外的人類理想，得以被理解。

無論是哲學思考、薩提爾理論，還是腦神經語言學，都是想要知道露出一角的冰山底下的組成是什麼。所以如果你有「全視之眼」，就能夠看懂支持川普的古巴人，同時也看懂支持川普的臺灣人，其實是同一種人。至於誰對誰錯，只要有足夠的同情，就不是那麼重要了。

後記

21世紀的言靈師

褚士瑩

這一本書中，我們使用的對話方式，是將近兩千五百年前古希臘的所謂「蘇格拉底對話」（Socratic Dialogue）。蘇格拉底式對話是一種採用對談，澄清彼此觀念和思想的方法。蘇格拉底認為，透過對話可以讓對話者澄清自己的理念、想法，使談論的課題清晰。尤其，只要一直修正不完全、不正確的觀念，便可讓人靠近「真理」，進而建立一個更有效能的個人思考系統。

作為一個非哲學專業出身的NGO工作者，我之所以喜歡「蘇格拉底對話」這套方法，甚至到法國去學習這套思考、對話的踐行，是因為這套方法對於我，無論在工作或是人生上，都有很大的幫助。

很多人問我，這套從古希臘流傳至今兩千五百年的古老方法，有什麼魔力，能讓我如此臣服？我的回答都是：「因為蘇格拉底提問的藝術，在工作上，幫助我作為和平工作者，使用非暴力溝通的方法衝突解決，在私下的日常生活中，也幫助我認識問題的本質，透過提問，讓問題變小，甚至不見。」

聽起來很神奇吧？要把蘇格拉底對話靈活應用，雖然是一門技術，必須經過嚴謹的學習，但是蘇格拉底對話的基本態度，即使沒學過這套對話技巧，也是每個人、每天都可以活用的。

「蘇格拉底對話」、「哲學諮商」，聽起來都是陌生而遙遠的西方概念，但是隨著踐行的時間越長，我越來越意識到，他們其實與古老日本文化中「言靈（ことだま，Kotodama）」的概念，是共通的。

言靈作為概念，可以追溯到約一千三百年前，在日本最古老詩歌集《萬葉集》中飛鳥時代的歌人柿本人麻呂，他曾寫到日本是一個「言霊の幸（さきわう国」，意思是「透過言語的力量帶來幸福的國家」，這種觀念認為言語中蘊藏著力量。每個人所說的話語中，都存在著「言靈」，而且這些言語能夠影響現實，導致與所說話語一致的結果。根據言靈的思想，使用不吉利的語言會引來不好的結果。

在日本，被稱為經營之神的稻盛和夫，也是一個相信言靈力量的人，並且踐行在商業之中。正因為他深知言語的力量，所以他說過「負面的言詞，只會產生負面的結果」、「不能使用否定別人的話」、「我的辭典裡本來就沒有否定的話」這些關於「言詞」的觀點，稻盛先生在第一線遇到疲累的員工，會先說出具有「力量」的言詞，讓員工心中產生意識改革，行為有所變化，困難的現實也會逐漸好轉。京瓷和日本航空兩家企業，也是因為實踐了言靈概念，而產生了奇蹟般的變化，這就是哲學踐行的力量。這也是為什麼我們在哲學諮商中，特別關注客戶的遣詞用句，比如一個強調自己想要「脫貧」、「階級翻轉」的客戶，往往不知道自己正在對自己下咒語，不斷地在暗示自己是貧窮的、在社會底層不得翻身。當我們經過使用「蘇格拉底對話」的十種態度仔細檢驗之後，客戶往往會發現自己其實是富裕而自由的，一直以來禁錮他的，是那些加在他身上、充滿負面暗示的言語。

但我也要強調，「哲學諮商」所使用的語言，並不是所謂的「正向肯定語」（affirmation），或是坊間流行的「正向教養」，因為刻意使用肯定的或否定的語言，其實都是不真誠的謊言，所以我們會強調把語言中的褒意和貶意都拿掉，中性的看待，才能看到真實。

所謂的「真實」，就是看見「貪婪」和「積極進取」的本質是一樣的，沒有好、壞，對、錯的區別，都應該用同樣的中性態度來面對，才能獲取語言背後「如實」的力量。有趣的是，在古代日本「言靈信仰」的神祇，是跟《萬葉集》同時代的《古事記》裡出現的「一言主神」。這位有趣的大神，介紹自己的時候也這麼說：「我是壞事也一句話，好事也一句話的神。」（吾は悪事も一言、善事も一言、言い離つ神。）我們可以這麼理解，一言主神無論喜事還是凶事，都可以是同一句話，就是我們說的如實、沒有善惡好壞的中性「概念」。

回到《萬葉集》，其中就描繪了人們試圖從路人的隨口言語中，借助言靈的力量來實現自己願望的場景，反映了日本人自古以來信奉言語力量、重視言語使用的生活態度，這和蘇格拉底每天吃完早餐後，穿著粗布衣服，赤腳走上雅典街頭，在人來人往的路口、廣場或神殿等人群聚集的場所，隨意抓住人就開始提問，想要藉由一問一答的過程，讓人們對自己的無知產生自覺，其實是如出一轍的。而這個透過嚴謹提問，來幫助缺乏自我覺察的人，將他們從無知黑暗中拉出來的過程，就是「哲學諮商」的原型，根本上就是透過邏輯，正視語言本身不可輕視的的力量。

而將那種力量以自己的意志行使的人，在古希臘被稱為「哲學家」，在古代日本被稱為「言靈師」，而在今天就被稱為「哲學諮詢師」。基本上，都是將語言從無意識的存在中喚醒，提醒我們去呼喚萬物的真名，這就是哲學的力量。這力量往往幽微，卻如此容易激怒人；往往被忽視，卻又不容置疑。

YLB135
不知道自己以後要做什麼的請舉手
——褚士瑩的 21 個人生提案

作者 ——— 褚士瑩

編輯總監 ——— 周惠玲
行銷企畫 ——— 柳千鈞
校對 ——— 萬淑香、蔡珮瑤
繪圖 ——— 貓魚
封面設計 ——— 黃淑雅
內頁美術 ——— 吳巧薏

發行人 ——— 王榮文
出版發行 ——— 遠流出版事業股份有限公司　104005 臺北市中山北路一段 11 號 13 樓
郵撥：0189456-1　電話：(02)2571-0297　傳真：(02)2571-0197
著作權顧問 —— 蕭雄淋律師
輸出印刷 ——— 中原造像股份有限公司
初版一刷 ——— 2024 年 10 月 1 日
初版四刷 ——— 2025 年 8 月 1 日
有著作權・侵犯必究 Printed in Taiwan（若有缺頁破損，請寄回更換）

遠流博識網 http://www.ylib.com　Email: ylib@ylib.com
遠流粉絲團 http://www.facebook.com/ylibfans

定價 ——— NT$ 360 元
ISBN ——— 978-626-361-934-0（平裝）

國家圖書館出版品預行編目（CIP）資料

不知道自己以後要做什麼的請舉手：褚士瑩的
21 個人生提案／褚士瑩著. -- 初版. -- 臺北市：
遠流出版事業股份有限公司, 2024.10
240 面；14.8x21 公分
ISBN 978-626-361-934-0（平裝）

1. CST：自我實現　2. CST：自我肯定

177.2　　113013794